もっとうまくなる、絶対強くなる！

ミニバスケットボール

野口照行・萩原美樹子 著

日本文芸社

INTRODUCTION

　ボールがゴールネットを通過するときの音をじっくり聞いたことがありますか？
　自分の手から放たれたボールが空中にきれいな弧を描いて、広い空間から小さく切り取られたリングに吸い込まれる。ボードにもリングにも触れることなくボールがネットを揺らしたときの、あの「すちゃん」というやわらかい音が、私は大好きです。
　ミニバスの楽しみは、じつはこんなところから始まるのだと思います。どうか、いろいろな楽しみをこの本の中から見つけてください。

萩原　美樹子

ミニバスケットボールについて

INTRODUCTION　ミニバスケットボールについて

選手のみなさんへ

ミニバスケットボールはどんどん**楽しく**なっていくすばらしい**スポーツ**です

まずは、ミニバスを好きになることから

　ミニバスケットボール（ミニバス）は、本当に楽しいものです。

　体育館などにあるバスケットのゴールは、自分の身長よりもずっと高い場所にありますね。そのゴールに向かってボールを投げる（シュートする）のは楽しいことです。うまく入れば、もっと楽しくなります。初めてバスケットのボールにさわる人でも、やってみればすぐにその楽しさがわかると思います。

　さらに、技術が身につけば、パスもドリブルも楽しくなり、めんどうなディフェンスもおもしろいと感じられるようになります。つまり、技術があれ ばミニバスはより楽しくなってくるのです。

　これから、ミニバスに必要な技術をいろいろ紹介していきますが、それらができるようになるためには、ミニバスを好きになることがとても大切です。この「好き」という気持ちがあれば、だんだん技術が身についてうまくなっていきます。

選手のみなさんへ
004 ▶ 005

初めてシュートが入ったときの気持ちよさ。だんだんうまくなっていく喜び。練習でおぼえたことが試合でもできるようになったときの感動。もちろん、仲間との一体感もありますね。ミニバスにはいろいろな楽しさがありますから、ぜひ、長く続けていってください。

INTRODUCTION ミニバスケットボールについて

保護者のみなさんへ

ミニバスケットボールは身体だけでなく、人間形成にも役立つスポーツ

社会生活において大切なことを自然に学ばせることができる

　子どもたちにとって、ミニバスはとても楽しいスポーツです。しかし、それをする利点は楽しむだけにとどまりません。

　多くの指導者は、このミニバスを通じて、スポーツだからこそ身につけられる人間教育を、指導の根幹に置いています。

　最近の子どもたちはテレビゲームやパソコンなどに囲まれて、本来のコミュニケーション能力が不足するようになったといわれており、現実にも、満足な会話のできない子どもが見受けられるようになりました。そこで、私たちはまず、子どもたちが自発的なコミュニケーションを取るように促します（その具体的な方法は、本文参照）。

　きちんとした挨拶、明確に伝わる自己表現、すぐにはあきらめない強い心。ミニバスを通じて、これらのことを自然に学ばせることができるのです。

　さらに、ミニバスに限らずスポーツというのはルールに則って行うものです。そのため、ルールを守る大切さやルールを理解した上で自分のあり方をすばやく見つける判断力なども、自然に養うことができます。

　そんな子どもたちの変化を間近で感じることができる。親にとってこれ以上の喜びはないと思います。

Coach's EYE 保護者は、チーム全体への協力を

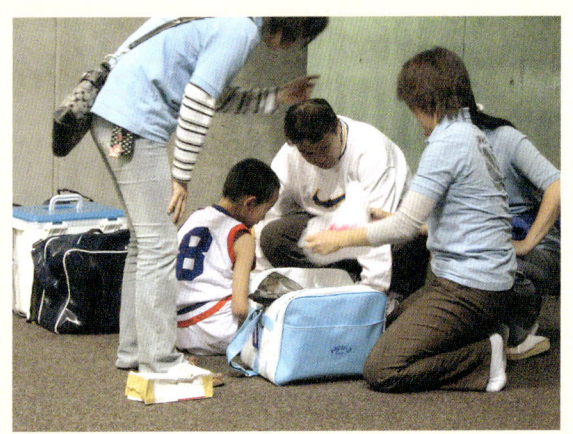

　ミニバスのチームづくりには、子どもと指導者だけでなく、保護者の協力も必要です。遅い時刻に練習を行う場合は送り迎えが必要ですし、バスケット経験のある保護者なら練習の手伝いをし、未経験者でも休憩中のドリンクを用意したり、リングの上げ下ろしを行ったり、試合のときは車を用意したりと、一緒にやってほしいことはたくさんあります。

　しかし「自分の子どものために行う」とは考えないでください。そう考えていると、練習中も自分の子どもにだけ目がいって、チーム全体が見えなくなってしまいます。

　子どもたちは、チームスポーツを行う中でさまざまなことを学んでいきます。保護者も"チームのために行う""チームを支える"という気持ちで協力してください。保護者や指導者を含めて、チームに関わるすべての人が"自分たちのチーム"という意識を持つことができれば、間違いなくそのチームは強くなることができるでしょう。

INTRODUCTION　ミニバスケットボールについて

指導者のみなさんへ

大人が限界を定める必要はない。子どもはみんな天才だ！

してあげられるのは自ら伸びていく手伝いだけ

子どもには大人のような限界がありません。大人が難しいと思うことでも子どもなら簡単に覚えてしまう、ということも珍しくはありません。

例えば、右手でシュートに行くと見せかけて左手にボールを持ち替えてシュートをするダブルクラッチ。このテクニックを大人になってから覚えようとする場合は「まずはジャンプ力をつけないと」「手を持ち変えるタイミングはどの辺？」「いつものシュートタイミングとは違うから少し強めにボー

1

2

3

ルを投げなきゃ」などといろいろ考えて、試行錯誤を繰り返しながら少しずつできるようになっていくことでしょう。しかし、子どもはそんなことは考えません。"ただなんとなく"できてしまうのです。実際、子どもに「なんでそんなプレーができるの？」と問いかけても「わからない」という答えが返ってきます。

しかし、これが子どもなのです。

そんな天才たちに大人がしてあげられることは、それほど多くはありません。技術に関することでいえば、パスやドリブルなどの技術を1つひとつ、正しい順番で、正しい動きをするように導くだけです。あとは子どもたちがバスケを好きでい続けてくれるように、いつも新しいことに挑戦させたり、飽きさせないように練習のバリエーションを増やしたりしていけば、チームはどんどん強くなっていくでしょう。

そして、日に日に上達する子どもを間近で見る。指導者としてこれ以上の喜びはないと思います。

Coach's EYE ゴールデンエイジという年代

スポーツの世界では、9歳〜12歳の子どもたちをゴールデンエイジと呼んでいます。

この年代は、ほかの年代に比べて神経系統の成長が著しく、カラダを動かすと、記憶として残る以上にリズムとしてカラダに染み込んでいきます。そのため、さまざまなことをすばやく吸収できるだけでなく、この時期に身につけたことは大人になっても忘れずに行うことができるのです。

また、精神的にも自我が芽生え始めるので、競争心や闘争心に火がつきやすくなっています。精神と肉体の両面から爆発的な成長が期待できる年代なので、この時期の指導は戦術よりも技術をメインとし、練習では基礎を中心としてさまざまなことを身につけさせたいものです。もし、子どもたちが自発的に難しい技術に挑戦したのなら、とがめることなくどんどん覚えてもらいましょう。

▲チーム練習の中で勝手に違うことをしているのならともかく、休憩時間に難しいことにチャレンジしたり、5対5でまだ説明もしていない技術を使って失敗したとしても、「なんでそんなことをするんだ」と怒らずに「こういうときに使えばいい」「こうすればもっとうまくできる」と逆に覚える手助けをしてあげましょう

INTRODUCTION　ミニバスケットボールについて

保護者＆指導者のみなさんへ

"勝つ"だけではなく "うまくなる" "強くなる" ためのミニバスケ

バスケットを続ける子どもたちの将来も見すえて

　バスケットボールは、一度覚えるとなかなかやめられない"クセのある"スポーツです。事実、ミニバスを経験した子どもたちの多くは、中学、高校だけでなく、社会人になってもバスケットを続けています。

　しかし、ミニバスの現状は"勝つ"ことを優先する傾向にあり、その結果として、勝つために必要な戦略を子どもに教え込んでしまいがちです。例えば、発育が早く背の高い子どもにはインサイドプレーだけを教え、チームの平均身長が高ければゾーンディフェンスだけを教えるなど、戦略重視の指導をしているチームをよく見かけます。

　たしかに、これは"勝つ"ためにはとても有効です。しかし、ミニバスはあくまでバスケットボールの入門編です。いくら小学生として身長が高くても、中学、高校と続けていけば、自分より背の高い選手はいくらでも出てきますし、新たなチームがマンツーマンディフェンスを取り入れている場合、一から覚えなければなりません。そしてなにより、この時期の子どもたちは驚くべき速度で物事を吸収していくので"戦術ありき"で技術を習得させていくのはもったいないことです。

　そこで、本書では"勝つ"だけではなく、将来も見すえた"うまくなる""強くなる"ための方法を紹介していきたいと思います。

保護者 & 指導者のみなさんへ

◀ 小さい子どもは筋力が弱いため、どうしてもロングシュートが苦手です。そのため、相手チームが小さければ、決められた範囲を守るゾーンディフェンスはとても有効です。しかし、ゾーンディフェンスでは個人のディフェンス力はあまり強化できません。ゾーンを使う戦略を否定することはしませんが、ディフェンスの基本であるマンツーマンからしっかりと学ばせたほうが、子どもたちには確実に役立ちます

もくじ

INTRODUCTION
ミニバスケットボールについて

- ミニバスケットボールはどんどん楽しくなっていくすばらしいスポーツです（選手のみなさんへ） **004**
- ミニバスケットボールは身体だけでなく、人間形成にも役立つスポーツ（保護者のみなさんへ） **006**
- 大人が限界を定める必要はない。子どもはみんな天才だ！（指導者のみなさんへ） **008**
- "勝つ"だけではなく"うまくなる""強くなる"ためのミニバスケ（保護者＆指導者のみなさんへ） **010**

PART-ONE
ミニバスがうまくなるために！

- うまい人だって初めから何でもできたわけではない **018**
- 本当にうまい人はいつでも先のプレーの準備をしている **020**
- 練習で大切なのは考えること、頭を使うこと **022**
- 練習に取り組む選手、指導者ともに気をつけてもらいたいこと **024**
- いい動きをするには、カラダのバランスが重要になる **026**
- ボールハンドリングのうまさが、プレー全体のうまさにつながる **028**
- さぁ！ コートに出て、ミニバスケットボールを始めよう！ **032**
- ボールを持ってシュート！ は、理屈抜きでおもしろい（まずはこれを覚えておこう①） **036**
- すばやく止まってすばやく動くのが、ミニバスの動作の基本（まずはこれを覚えておこう②） **038**
- ピボットは、バスケットに特徴的な方向転換のテクニック（まずはこれを覚えておこう③） **040**

PART-TWO
オフェンス技術を身につける

- 1つ技術を覚えるたびに、できるプレーの幅が広がっていく **044**
- パスを出すときは、つねに味方のことを考えて **046**
- ミニバスでは、パスキャッチは重要な技術の1つ **048**
- 基本姿勢は、パス、ドリブル、シュートに移りやすい構えで **052**
- すばやく出せるチェストパスは、すべてのパスの基本形 **054**

バウンドパスは、ディフェンスが苦手な足元のスキをつきやすい　056
ワンハンドサイドパスは、パスコースをふさがれたときに有効　058
身長の高い選手にとって、オーバーヘッドパスは有効な"武器"となる　060
アンダーパスは、投げるのではなく送り出す感覚で　062
ショルダーパスで投げるのは、筋力がついてからでいい　064
"前に出てパスキャッチ"は左右どちら側でもできるようにしておきたい　066
パスは、味方のプレーを予測して、移動先に出すことが大事　068
パスがよりうまくなるためのレベルアップトレーニング　070
シュートは、チームの全員がうまくなる必要がある技術　074
レイアップシュートは、利き手・非利き手両方で打てるように　076
バックシュートは見た目もかっこよく、試合でも大きな武器になる　078
シュートがよりうまくなるためのレベルアップトレーニング①　080
止まって打つ、基本のセットシュートでは、まず"届く"ことが大事　082
簡単そうに見えて、じつはむずかしいジャンプシュート　084
シュートがよりうまくなるためのレベルアップトレーニング②　086
ドリブルの技術は、ミニバス時代にいちばんうまくなる　090
ドリブルがうまくなるには、3つの基本を守って練習しよう　092
ドリブルがよりうまくなるためのレベルアップトレーニング①　096
ドリブルをしながら相手を抜き去る技術①〜ステップ　098
ドリブルをしながら相手を抜き去る技術②〜フェイク　100
ドリブルをしながら相手を抜き去る技術③〜攻めのドリブル　102
ドリブルをしながら相手を抜き去る技術④〜安全にボールを運び、ときに抜く　106
ドリブルがよりうまくなるためのレベルアップトレーニング②　110

PART-THREE
ディフェンス技術を身につける

ディフェンスには、相手をコントロールする喜びがある　114
姿勢をつくってステップができれば、ディフェンスの基本動作はほぼ完成　116
カラダの接触によるファウルは、ディフェンスが圧倒的に不利　118

もくじ

コースチェックができなければ、ディフェンスにならない！ 122
シュートチェックは、相手が打ちにくいようにしっかり手を挙げる 124
スティールは"盗む"という意味。リズムを盗み、ボールを盗め！ 126
リバウンド争いを制したチームが試合を制す 128

PART-FOUR
チームプレーができるようになる！

自分の"やりたいこと"ではなく、自分が"やるべきこと"を考える 132
チームプレーができるようになるための応用トレーニング① 134
ボールマンになった（ボールを持った）ときの動き方 136
オフボール（ボールを持っていないとき）の動き方① 138
オフボール（ボールを持っていないとき）の動き方② 140
相手チームがスクリーンをかけてきたときは、すばやく声をかけ合って対処 142
チームプレーができるようになるための応用トレーニング② 144
速攻は、最大の得点チャンスだ～ファーストブレイク① 146
得意なシュートパターンをいくつか用意しておこう～ファーストブレイク② 150
それぞれの役割を知り、マンツーマンを覚えよう！ 152
ミニバスでは、ゾーンディフェンスを教える必要はない 156

PART-FIVE
選手たちやチームをうまく導く

練習の流れは、基礎練習→ドリル→5対5が基本 162
よりよい指導者となるために必要なこと 174
初心者への指導では、まず楽しさを知ってもらう 175
選手たちの成長は、大人が思う以上に早い 177
指導者も日々進歩していく必要がある 180
"試合に勝つチーム"が強いチーム、ではない 186

本書の見方

CONTENTS 014▶015

タイトル／本文
タイトルは、このページで紹介する内容をひと言で示しています。本文は、小学校高学年向けに書きました。中にはむずかしい内容も含まれますが、気にせず読み進めてください。指導者の先生に聞いてみるのもよいでしょう。低学年のお子さんには、保護者の方が説明をしてあげてください。

注意点など
このページで紹介している技術の
■Use Point■（試合での使いどころ）、
■Check Point■（注意点）、
■SKILL UP■（さらにうまくなるためのポイント）
を解説しています。

PART-TWO オフェンス技術を身につける

レイアップシュートは、利き手・非利き手両方で打てるように

インデックス
レイアップシュート
076▶077

このページの内容とページ数をひと目で示しています。知りたい内容がひと目でわかります。

■Use Point −使いどころ−■
走りながら打てる

ジャンプシュートやセットシュートなどは一度止まらないと打てませんが、レイアップシュートは走りながら打てるというメリットがあります。また、ゴール下で打つので、速攻でのフィニッシュやドリブルのカットイン（ゴール近くにすばやく進んでいくこと）で、相手にブロックされるおそれがある場合は、レイアップシュートでゴールを狙っていきましょう。

ゴール間近から打つため、成功率は高い

レイアップシュートは、ゴール下に走りこみながら打つときにもっとも有効なシュート技術です。ゴールの間近で打つため成功率が高く、よく使うので「ノーマークならほぼ100％決められる」というくらいになっておきましょう。

また、利き手だけでなく必ず左右両方の手で打てるようになってください。レイアップシュートは右足で走ってきたときは左手、左から走ってきたときは右手で打たないと、カットされやすくなります。覚え始めのころから右手と左手、両方で練習していきましょう。

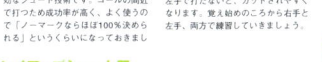

■レイアップシュート■

1 1歩目　2 2歩目でジャンプ　3　4　5

❶ボールを手で持って！1歩目
❷2歩目を踏み込んだらジャンプ
飛んだときに、1歩目の太ももを上げるようにすると、きれいに飛ぶことができます
❸勢力ジャンプしているので、力を入れすぎずに投げる必要はありません。飛んだときの惯性力を利用して、軽く「置いてくる」気持ちで投げましょう
❹ねらう場所はボードの角です。リングよりも、ここをねらったほうが成功率は確実に上がります

Coach's EYE　見せて教える

動きのポイントを言葉で説明することも重要ですが、口ですべてを伝えることはできません。

何より、子どもというのは、全体をイメージとしてとらえて、それを自分のカラダで表現する"フィードバック"にすぐれているので、全体像を見せるようにすることは、非常に有効な手段となります。

実際に「右足、左足でトントンと踏み切ってシュートをするんだよ」と教えるよりも、自分で「こうやるんだよ」と示したほうが、すぐに理解してくれるものです。バスケットの経験のない指導者もいるでしょうが、そういうときはNBAなどのビデオを一緒に見るのもいいでしょう。

写真
「文章を読むのは苦手！」という人でも、この連続写真を見ればシュートやドリブルなどの方法がわかります。

Coach's EYE
ここは、指導者や保護者の方がお読みください。この見開きで紹介している技術に限らず、子どもたちへの接し方など、さまざまなポイントを紹介いたします。また、ここで書き切れなかったポイントは、PART-FIVEにまとめました。併せてお読みください。

■図の見方

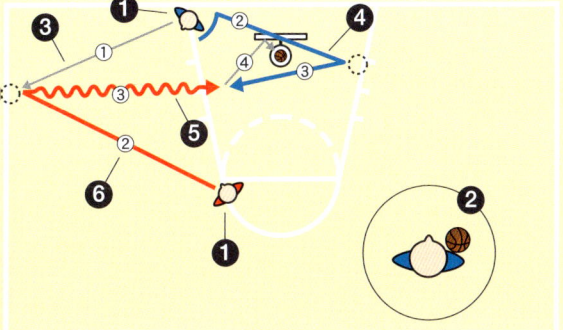

❶選手は、味方チームは青、相手チームは赤のユニフォームを着ています。顔やカラダの向きにも注目して見てください。
❷ボールは、基本的に右手に持っていますが、実際は状況によって変えてください。
❸灰色のラインは、ボールの動きを示します。
❹選手の動きです。ユニフォームと同様に、味方チームは青、相手チームは赤で示しています。
❺波線は、ドリブルでの移動を示します。
❻数字は、動きの順番を示します。同じ数字は"ほぼ同時の動き"という意味です。

PART-ONE

　ミニバス世代の選手の場合、運動をしていればその能力が伸びていきます。そのため、元の運動神経の良し悪しよりもバスケットに取り組む姿勢が、うまくなるためには一番大切です。

　しかし、単純に「がんばる！」という気持ちをもっていても「どうがんばるか」「何をするべきか」という具体的な知識がなければ、気持ちだけがカラ回りしてしまったり、結果が想像できないために気持ちがなえてしまったりすることもありえることです。

　そこで、このPART-ONEでは、ミニバスがうまくなるために必要な考え方、そして基本的な動き方を紹介します。

　中には初心者にとってむずかしい内容も含んでいるかもしれません。しかし、知識や技術が身につくとともにここで書かれている意味も理解してくるようになるので、わからない部分があっても気にせず読んで、頭の片隅に置いておいてください。

ミニバスがうまくなるために！

PART-ONE ミニバスがうまくなるために！

うまい人だって初めから何でもできたわけではない

ミニバスが好きな人はいつもボールに触れている

　これからミニバスを始める人は、パスやドリブル、シュートなどの技術を1つひとつ身につけていくことになりますが、それらを覚えるためには、どうしても練習が必要です。

　始めたばかりのころは、周りの人たちとの差がありすぎて、なかなかうまくならない自分にイライラすることがあるかもしれません。しかし、練習を続けていけば間違いなく上達していきます。

　ですが、他人とあまりにも差があるときでも「あいつは僕（私）よりもやってきた時間が長いからうまいんだ」と思って、あまり心配しないでください。これは間違いのない事実です。なぜならミニバスの技術は"動きのリズム"をカラダに覚えさせなければ上達しないからです。

　パスを例に説明すると、まずは正しい投げ方を覚えます。それを何度も何度もくり返すうちに、だんだんとすばやく正確に、同じ動きができるようになっていきます。試合でも練習と同じように、すばやく正確なパスが出せるようになれば合格です。

　どんな技術でも、はじめからいきなりできるわけではなく、みんなこのような道をたどってうまくなっていくのです。

　また、うまくなる人というのは、チーム練習のときだけミニバスをしているのではなく、家でもボールハンドリング（028ページ参照）や、頭の中で自分がいいプレーをしている姿をイメージするなど、熱心にミニバスの"練習"（遊びといってもいいかもしれません）を続けているものです。

　つまり、うまくなる人とは「ミニバスが好きで、いつもミニバスの"練習"をしている人」です。「ミニバスがうまくなりたい」と思うなら、まずはチーム練習以外の時間でも（イメージトレーニングでもOK）、ボールに触れてみてはいかがでしょうか。

▲うまい選手は、例外なく、家でもボールに触れています。これは、チーム練習としてではなく、ただ単純に「うまくなりたい」「おもしろい」から行っているのです。うまい、へたを決めるポイントの多くはこの「うまくなりたい」「もっと試合で活躍したい」という気持ちによるものです

（とくに）初心者のみなさんへ

Coach's EYE 技術はリズムで覚える

技術を覚えるためには、3つの段階があります。
① ゆっくりでもいいので、正しい動きで動く
② 反復しながら、動きの正確さと速さを磨く
③ 徐々にカラダに動きのリズムが染み込み、試合でもオートマティックに技術を出せるようになる

　と、このような段階を踏んでいくわけですが、大事なことは"最初に正しい動きを教える"ということです。それさえしっかりできていれば、子どもは大人に比べて圧倒的に飲み込みが早いので、アッという間に②と③の段階をマスターしていきます。

　ただし、頭ごなしに教えてはいけません。まずはひと通り説明してから、実行させて観察しましょう。できない子には「この子はどこが悪くてできないのか」をしっかりと認識したうえで、正しい動きを指導するようにしてください。

PART-ONE ミニバスがうまくなるために！

本当にうまい人はいつでも先のプレーの準備をしている

先のプレーの準備をすると相手を出し抜くことができる

"バスケット（ミニバス）のうまい人"と聞いて、みなさんはどういう選手をイメージするでしょうか？

おそらく、ほとんどの人がドリブルで相手をすばやく抜いていく選手や、フェイダウェイやダブルクラッチ、ダンクなどかっこいいシュートを決めている選手をイメージすると思います。しかし、バスケットの本当のうまさとは、技術だけで決められるものではありません。

バスケットが本当にうまい選手とは、技術のうまさに加えて"先のプレーの準備ができる選手"なのです。

例えば、ディフェンスをしているときに「パスが出そう」と思ったら、その瞬間にカラダをパスに備えるポジションに入れるだけで、相手のチャンスを簡単につぶすことができます。

先に起こるべきプレーを予測して準備する。これが本当にバスケットがうまくなるコツです。練習中、とくに敵味方に分かれる5対5などの練習を行っているときは、しっかりと"先のプレーの準備をしておく"ことを意識して取り組みましょう。

また、準備をしておくという意識は、練習中だけでなく、日常生活の中でも高めることができます。明日の授業で使う教科書やノートをランドセルに入れておく、掃除をする前にさっと用具をそろえておくなど、次に起こることに対してすばやく準備をするようにしましょう。

このような、だれでもできる簡単なことを積み重ねていけば、自然とバスケットでも"準備"ができるようになり、技術以上のうまさを手に入れることができるのです。

（とくに）初心者のみなさんへ

Coach's EYE 正しい準備とその選択肢を用意すること

　先のプレーの準備をすることは、ミニバスにおいても重要なことですが、その準備の選択肢は、指導者がしっかりと用意しておいてあげなければなりません。
　相手チームがあるプレーをしかけてきても、ふだんの練習でその対処方法を教えていなければ、選手たちはどんな準備をしていいかわかりません。このような状況で選手がミスをしても、絶対に怒らないでください。対処方法を教えていなかった指導者の責任です。もちろん、判断自体を誤ってしまうこともありますが、その場合も叱りつけないで、正しい選択方法とその理由を伝えてあげましょう。
　▶相手がパスを出す瞬間に、受け手の前にスッと手を出すだけで、パスをつぶすことができます。バスケットのプレーは、このような準備の連続です。そして、この準備をする能力が高まれば高まるほど、"手を出す"という簡単な行為だけで相手のチャンスをつぶすことができますし、オフェンスでも同様に、簡単なプレーで得点することができるようになるのです

PART-ONE ミニバスがうまくなるために！

練習で大切なのは考えること、頭を使うこと

頭は大きな武器になる！

　練習は、考えながら行いましょう。例えば、1対1をしているときなら「この人はどうやったらおさえられるか？」「さっきは右に抜かれたから今度は右寄りに」「左でも抜かれたから少し下がってみよう」など、いろいろ考えてそれを1つひとつ実行してみましょう。とにかく、練習はカラダ以上に頭を使うことが重要です。

　考えて実行することによって、前のページで紹介した"準備をする"ということができるようになりますし、多くのことを試してみることによって、「これはできる」「あんなこともできる」と、プレーの選択肢が広がっていくのです。

　また、ミニバスの練習は順番に行うものも多いので、どうしても待ち時間ができます。自分の順番のときにカラダを動かすのは当たり前のことですが、待ち時間には頭を動かしましょう。

　自分よりうまい人の動きをしっかり見ておいてマネをし、できなければ「なぜ、できなかったのか」を考えて、もう一度その人のプレーと自分との違いを確認しましょう。

　また、うまくない人のプレーもよく見て、どこが悪いのかを考え「自分もこうなっていないか？」と確認したり、「こうしたほうがいいよ」と助言を与えたりするようにすれば、チームワークとチーム力の強化にもなります。

自分の順番がきて真剣に動くのは当然のこと。大切なのは待ち時間です。その間に頭を使うことは、うまくなるための大きなステップとなります

▶ 1対1の状況なら、右に行くか、左に行くか、フェイクを1回入れて動くか、2回入れて動くか、行くと見せかけてシュートをするかなど、次にするプレーの選択肢はたくさんあります。しかし、自分で「こうしよう」と考えたプレーも、練習で実行してみて、通用するかどうか試しておかないと、試合では使えません。そのためにも"考えて試してみる"ことが練習では重要になるのです

Coach's EYE モチベーションというエネルギー

　ミニバスの試合は、1つひとつの局面で無数の選択肢から1つのプレーを選んで進行していきます。
　考えながら練習するということは、この選択肢を自主的に増やしていくということです。選択肢が増えるほどプレーの幅は広がります。逆に、選択肢が少なければ試合では何もできません。練習とは、この選択肢を身につけるために行うものなのです。
　しかし"考えてプレーする"練習にはくり返しが必要なため、選手が高いモチベーションを維持できる環境を整えなければ長続きしません。やる気のない選手たちに何か教えようとしても「まだやるの？」とだれてしまうだけで、絶対に覚えてくれません。いわば、お腹がいっぱいになった子どもたちに新たなおかずを出して「もういい」と言われるようなものです。
　とくに、ミニバスの指導者は、子どもたちが「うまくなりたい」という飢えの気持ちを持ち続けるよう、つねに新しいことを用意し、「覚えればこれだけのメリットがある、こんな楽しいことができるよ」というスタンスで指導プログラムを立てていくといいでしょう。

PART-ONE ミニバスがうまくなるために！

練習に取り組む選手、指導者ともに気をつけてもらいたいこと

小学校の高学年くらいにはカラダは成長期に入る

本書ではいろいろな技術や考え方などを紹介していますが、それらを覚える以前に、小学生だからこそ、気をつけてもらいたいことがあります。

男女ともに、小学校高学年になると成長期に入り、少々の動きでひざなどに痛みを感じる、いわゆる"成長痛"という症状が出てきます。真剣にミニバスに取り組む気持ちはとても大切ですが、無理はいけません。

もし、痛みを感じたら、絶対に無理をしないで先生に申し出てください。そして、例えばひざが痛む場合は、走るような練習はせずに、ボールハンドリングを行うなど、患部を刺激するような行動は控えましょう。

もし、そこで無理をして動かすと、骨が変形したり、成長を抑圧されたりして、今後に悪影響が出てしまいます。

先生が怖くて「ひざが痛いので休ませてください」と、言い出せない人もいるかもしれませんが、成長痛による痛みは先生もわかっているので、怒られるようなことはありません。安心して申し出てください。

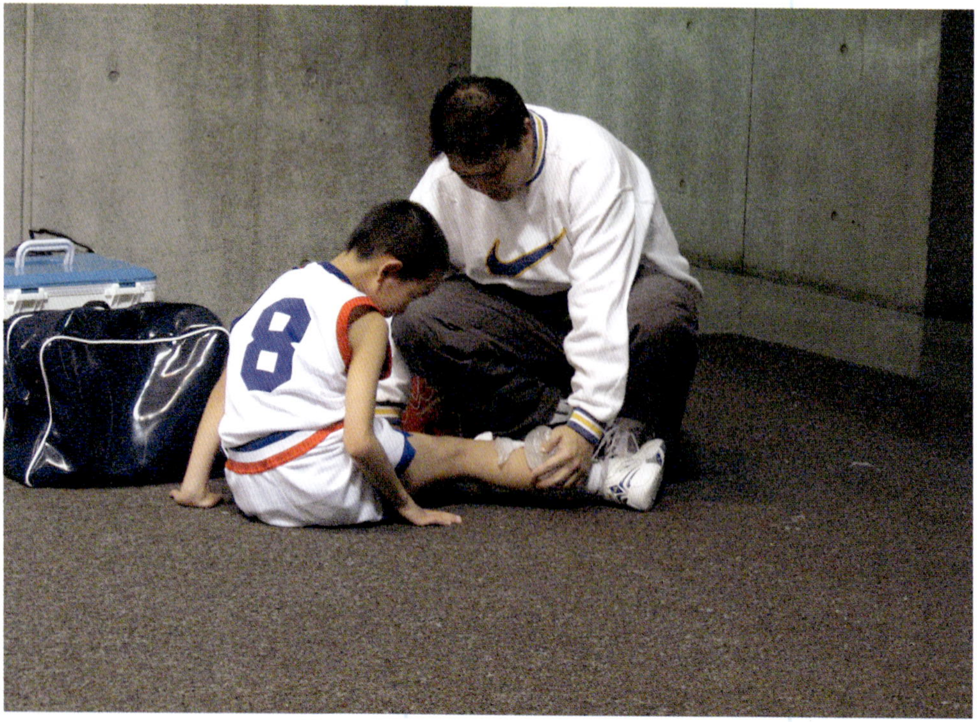

◀ 大事なことは"おかしなことが起こったら先生に聞いてみる"という気持ちです。先生たちにも子ども時代があったのですから、たいていのことなら解決法はもっています。成長痛というのは自分ではなかなか気づかない部分もあるので「おかしいな？」と思ったらまず、先生に聞いてみましょう

Coach's EYE 子どもが話しやすい雰囲気作りを

　選手が成長期に入ったときには、それまで以上に注意深く見てあげるようにしましょう。頑張る選手ほど、痛みを堪えて無理に練習に参加しようとします。ですが、よく見ていれば、痛みがある子どものプレーには必ず異変があるはずです。「おかしい」と思ったらすぐ、選手に痛みや違和感があるか聞いてみてください。

　ただ、どんなに注意していても、なかなか気づけないことはあると思います。ですから、成長期を迎える子どもたちにはあらかじめ成長痛についての説明を行い、チーム内に"違和感を覚えたら選手自身がすぐに申し出られる"雰囲気作りをしておくといいでしょう。

　大事なことは「選手の意見はしっかりと聞くから、大事なことはきちんと話してほしい」という意思表示です。「自分の言うことを聞いてればいい」という傲慢な考えでは、チームの雰囲気も悪くなってしまいます。

　これは、チームの雰囲気作りに限ったことではありません。最近は、子どもでも驚くような知識をもっている場合があります。子どもたちからも情報を得るくらいの"貪欲さ"をもって指導していきましょう。

PART-ONE ミニバスがうまくなるために！

いい動きをするには、カラダのバランスが重要になる

バランスがくずれるとプレーの調子も悪くなる

バスケット（ミニバス）は、ほかのスポーツと比べても、大きくカラダを揺さぶることが多いスポーツです。

パス、ドリブル、シュート、ディフェンス。どんな動きをするときも、カラダを前後左右に動かさなければいけません。このときに重要となるのが、カラダの"重心"です。

重心とは"重さの中心"のことで、わかりやすくいえば"上半身と下半身のバランスがとれるポイント"です。

例えば、長い棒が1本あるとします。この棒の端を持った場合と真ん中を持った場合とでは、真ん中を持ったほうが軽く感じられますよね？　これが"重心がとれている状態"です。一方で、棒の端を持つと重く感じられます。これが"重心が傾いている状態"なのです。例にあげたのは棒ですが、当然カラダにも重心があります。

ミニバスをしていると「今日は調子悪いなぁ。カラダが重いなぁ」と感じることが必ずあります。その原因はほとんどの場合、カラダのバランスがくずれていることから始まっています。逆に重心がしっかりと安定して、カラダのバランスがとれているときは「調子いいなぁ」と感じるでしょう。

また、どんな動きをしているときでも、カラダのバランスがいいと周りの人からも美しく見えます。そして、美しく見えるプレーというのは、シュートにしろドリブルにしろ、非常に役立つのです。

そこで、カラダの重心の位置を確認するための方法を紹介しておきます。

Check Point　重心の位置を知る

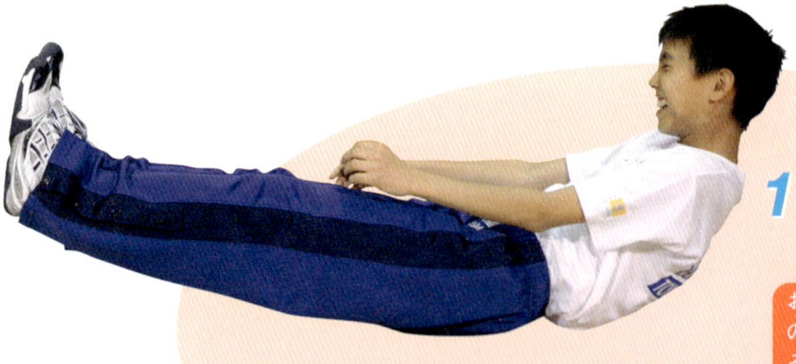

◀このように寝た状態から、上半身と足（下半身）を同時に、カラダがいちばんラクになるところまで持ち上げます

1

おへそから5cmくらい下の力が入っている部分、そこがバランスがとれているときの重心です

▶ラクな状態になったら、おへそから5cmくらい下の部分を触ってみてください。力が入っていることが確認できると思います。ここが"カラダのバランスがとれているときの重心"です。上半身と下半身を持ち上げてラクになった状態＝バランスがとれている状態では、つねにここに力が入ります

2

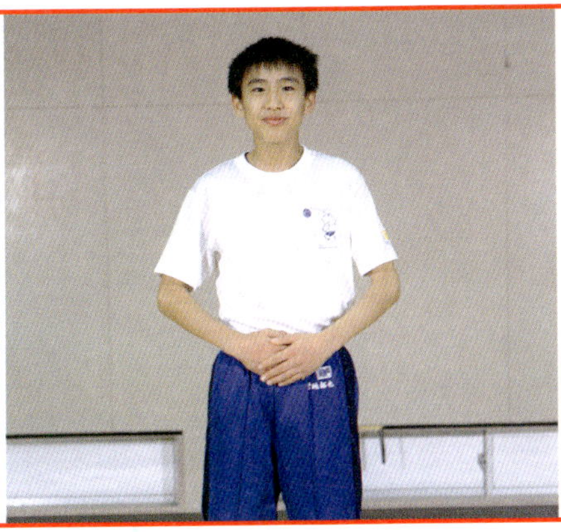

カラダのバランス

▶「調子が悪いなぁ」と思うときは、そこを少し押さえてグッと力を入れてみてください。それだけでカラダのバランスがとれて、調子がよくなることがあります

丹田とは
ヨガや気功、呼吸法などでよく使われる用語で、おへそから5cmほど下の部位のことを指し、"カラダの中心"とされています

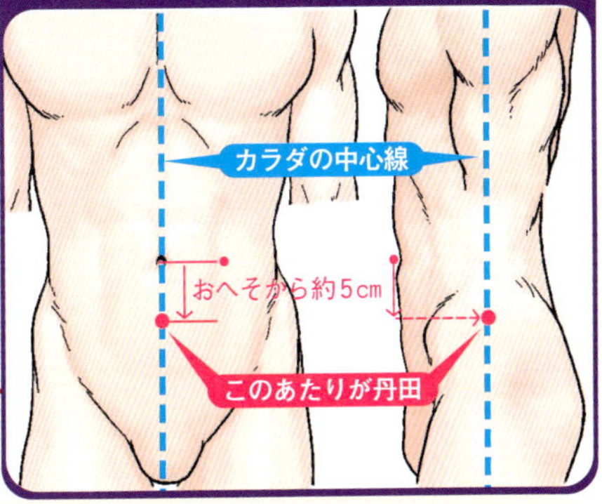

カラダの中心線
おへそから約5cm
このあたりが丹田

Coach's EYE 体幹と丹田とカラダのバランス

バスケットは、とりわけストップ＆ゴーの激しいスポーツで、すばやい動き出しと停止の技術が欠かせません。走る⇄止まるといった前後の重心移動、フェイクなどの左右の重心移動、ジャンプシュートなどの上下の重心移動と、3次元すべての方向に大きく重心が揺れ、それをきちんと制御できることが、上達の大きなポイントとなっています。

そのときに重要なのが"重心の位置"です。重心がしっかり定まっていない子どもは、カラダがフラついて、次の動作に時間がかかってしまいます。逆に重心が安定してさえいれば、どんな動きにもすばやく反応できるため、次のプレーの動き出しも早くなるのです。

右ページでも説明した、おへその5cmくらい下、ここは"下丹田"と呼ばれ、古武術などでもよく用いられている"カラダの中心"と考えられている場所です。ここに重心が置かれていると、カラダに芯が通ったように姿勢が定まり、どんな動きにも対応できるようになるのです。

しかし、丹田にしっかりと力を入れるためには"体幹"の筋肉がしっかりと働かなくてはなりません。体幹とは、カラダの中心線に付随する筋肉のことで、これがうまく働いて初めて、丹田に力を入れることの意義が出てくるのです。

どのようにすれば鍛えられるかといえば、答えは簡単で、ただ練習を続けていればいいのです。バスケットの練習はすべて重心移動を余儀なくされるので、重心の位置を自然に覚えることができます。ただ、何も知らない状態で練習を行うよりも、知ったうえで行うほうが何倍も練習効率は上がるので、一度、その位置を確認してみるといいでしょう。丹田を意識した状態と意識しない状態とではどれほどカラダの動きが変わるのかを実感してもらい、選手たちにその意識をもってもらうのも1つの方法です。

▲正しい重心でシュートを打ったときには、上の連続写真のようにカラダのラインがまっすぐになります。正しいバランスでのシュートを何度も打つことでカラダがバランスのいい状態を覚え、フェイダウェイのようなバランスがくずれやすいフォームでも自然に重心位置を補正してバランスよくシュートが打てるようになります

一方、体幹が弱いと、横移動からのシュートなど、カラダが横に傾いてしまいます（下の連続写真参照）

PART-ONE　ミニバスがうまくなるために！

ボールハンドリングのうまさが、プレー全体のうまさにつながる

ボールハンドリングを仲間に見せびらかそう！

　当然のことですが、ミニバスはボールを使うスポーツです。そのため、ボールをいかにうまく扱えるかが、うまさのポイントになっていきます。

　ドリブル中、うまい選手ならボールを見ることはありません。それでもきちんとボールを自分の思うとおりに扱うことができます。それはなぜか？　簡単に言えば、ボールに慣れているからです。自分の両手がボールの大きさ、感触、弾力をしっかりと覚えているため、ドリブルで手からボールが離れたあと、手に目があるかのように、腕は自然にボールがはね返ってくる場所に移動しています。

　そんなプレーをするために必要なことは何でしょうか？　その答えは簡単です。より長くボールと接していればいいのです。ボールと接している時間が長ければ、それだけボールに慣れて、カラダにボールの感覚が身についていきます。

　そこで、ボールの感覚を楽しく覚えていくために"ボールハンドリング"というものを紹介します。バスケットをやっている人ならだれでも知っているものですが、これが早くできるようになるだけでも、うまさをアピールすることができるようになりますよ。

■Check Point■
ボールの持ち方

まずは、ボールの正しい持ち方を覚えましょう。バスケットボールは指先で扱うことが多いので、ボールを持つときも手のひらはつけずに、指を広げて指先をピッタリとボールにくっつけて持つようにしてください

■SKILL UP■　ボールハンドリング

ボールの感覚を覚えるには、ここで紹介するボールハンドリングが最適です。これらは家でも簡単にできるので、"テレビを見ながら""宿題の間の息抜きに"と、何となくボールに触れているときに行いましょう

1 いろいろなところで回す

▶頭、胸、腰、ひざと、カラダの各所でボールを回します。右回りと左回り、どちらも行うようにしましょう

→ ボールの動き　→ カラダ・腕の動き

ボールハンドリング
028 ▶ 029

2 **片足上げ**　片足を上げた状態で、いろいろな部分で回します。足の筋力アップにも効果があります

3 **8の字**　足を開いて、8の字を描くように回します

4 **前後キャッチ**　カラダの前でキャッチしたら、今度はボールを軽く放って、手をカラダのうしろに回してキャッチします

PART-ONE　ミニバスがうまくなるために！
ボールハンドリングのうまさが、プレー全体のうまさにつながる

5 クロスキャッチ　さらに難度を上げて、右手を前、左手をうしろの状態から軽く放って左手前、右手うしろでキャッチします

6 前後投げ　手前から大きく放ってうしろでキャッチ。続いて、うしろから放って前でキャッチします

7 ボールタッチ　ボールをすばやく右、左と渡していきます。最初は胸元からスタートし、徐々に腕を伸ばしていきましょう

→ ボールの動き　→ カラダ・腕の動き

ボールハンドリング

8 つまみあげ
ボールを左右の指でつまみ上げます。最初は胸元から始めて、だんだん高い位置に移動していくと効果的です

Ex. 番外編 ボール回し
直接ミニバスの技術向上には関係ありませんが、できるとバスケットを知らない人にも喜んでもらえます。指の頂点ではなく、指の腹を使って回しましょう

Coach's EYE　ボールは始めに買い与える

子どもにとっては、ミニバス用のボールでも、とても大きくて扱いにくいものです。ボールハンドリングに慣れさせるためにも、ミニバスを始めたら、まずはボールを買ってあげましょう。そのときに、ワックスなどのボールをケアする道具も一緒に買ってあげると子どもはより大事にボールを扱ってくれます。

また、ここで紹介したボールハンドリングですが、子どもに「1日10分はボールハンドリングをしなさい」などと強制させないでください。あくまで「これができればもっとうまくなるよ」といった感じで、子どもが自主的に「うまくなりたい」という気持ちをもてるようなアプローチをするといいでしょう。

PART-ONE ミニバスがうまくなるために！

さぁ！コートに出て、ミニバスケットボールを始めよう！

最初に覚える必要があるルールはこれだけ

ここでは、これからミニバスを始める人に向けて、バスケットボールの基本ルールを紹介していきます。これらのルールを破ると、反則をとられて、相手ボールになってしまうので、注意しましょう。

また、ここで紹介するのはあまりに基本的なことなので、すぐに始めている人にはあまり関係ないかもしれません。ただし、上級生になると、新しく入ってきた人にイチからミニバスを教えなければいけないときがくるかもしれません。そうなったときに、きちんと説明できるように、最初に教えるべきことを覚えておきましょう。

■3歩以上歩いてはいけない

ボールを持ったまま、3歩以上歩いてはいけません。3歩以上歩くと"トラベリング"という反則になってしまいます。しかし、最初は"2歩まで"進むというリズムがつかめないため、どうしてもトラベリングになってしまいます。まずは2歩進むという感覚を知るために［まずはこれを覚えておこう］のシュートドリル（036ページ参照）を練習して、2歩の感覚を身につけましょう。

■ドリブル後にボールを持ったら、ドリブルはできない

ボールを持って移動するときは、ドリブルをして進まなくてはいけません。しかし、一度ドリブルをやめてボールを持ってしまったら、ドリブルはできないので、パスかシュートをしましょう。また、両手でボールを持ったときだけではなく、片手でもボールの下に手が入ってしまうと"ボールを持った"ことになってしまうので、注意してください。

ドリブルが終わったあとに再びドリブルを行うと"ダブルドリブル"という反則になってしまいます。

■たたいたり、引っぱったり、押したりしてはいけない

バスケットは元々、カラダに接触することが禁止されているスポーツです。ただし、密着状態からの押し合いは多少なら許されているなど、微妙な判定もあり、そのあたりの細かい部分は［PART THREE ディフェンス技術を身につける］で紹介するので、まずは"たたいてはいけない""引っぱってはいけない""押してはいけない""手で押さえてはいけない""カラダをぶつけてはいけない"ということを、覚えておいてください。

PART-ONE ミニバスがうまくなるために！
さぁ！コートに出て、ミニバスケットボールを始めよう！

前のページで消化したルールを覚えていれば、試合に参加してもおかしなことにはなりません。とくに、小学校低学年の子どもにミニバスを教えるのであれば、これくらいでいいでしょう。そして、ある程度ミニバスがわかってきたら、次のルールも教えていきましょう。

■○秒ルール

バスケットには、状況に応じて「○秒以内に○○しなければならない」というルールがあります。その制限時間を越えてしまうと"バイオレーション"という反則をとられて、相手ボールになってしまいます。

このルールは、バスケットは攻撃側（オフェンス）が有利なスポーツなので、勝っているときにずっとボールを回して時間を稼ぐなど、おもしろみにかけるプレーを回避し、よりスピーディーな展開にするためにつくられたものです。ですから、オフェンスのときは時間を意識するように心がければ、ほとんどこの反則は避けられます。

●30秒ルール

オフェンスは、攻撃開始から30秒以内にシュートを打たなければいけません。

●5秒ルール

ボールがコートのラインを越えた場所に出た場合や反則（ファウル）をとられた場合、ゴールしたあとは、コートの外からボールを投げ入れて（スローイン）再開することになります。このとき、ボールを持ってから5秒以内にスローインをしなければいけません。

ミニバスの基本ルール

● 3秒ルール

相手ゴール付近に引いてある台形の中に3秒以上いてはいけません。とくに、背の高い選手は、この台形内でプレーする機会が多いので気をつけましょう。

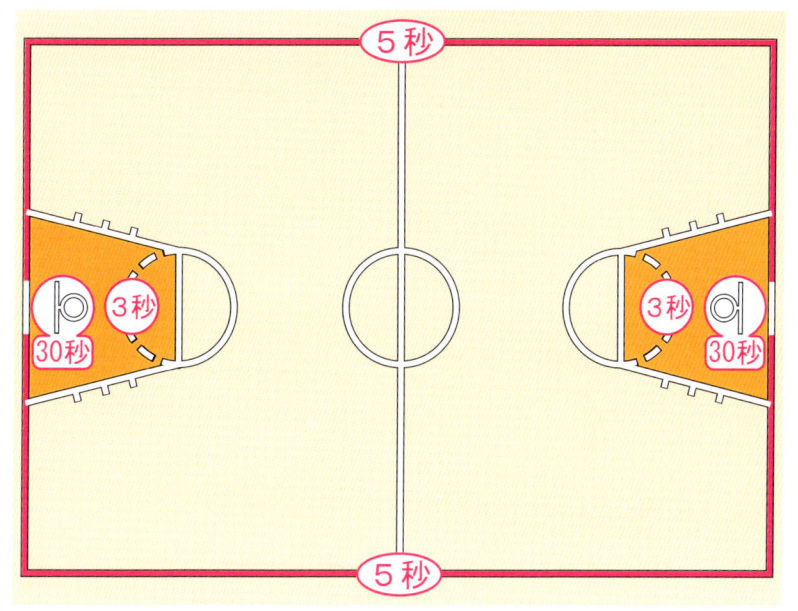

Coach's EYE　ミニバスとバスケットの違い

ミニバスは、基本的にはバスケットと同じですが、ところどころにミニバス・オリジナルの部分も含まれています。中には戦術として組み込まなければならないほど大きな違いもあるので、指導者になったばかりの人は、まず以下の点が違うということを覚えておいてください。

❶3ポイントなし
どんなに遠くから打っても2ポイントになります。ただし、カウントワンスローなどの3点プレーは、ミニバスにも存在します

❷バックパスなし
これは戦術にも大きく関わってくるので、しっかりと"バックパスがない"ことを認識したうえで戦術を考えてください。また、バックパスがないため、8秒ルールもありません

❸バックコートからのスローインは審判を介さない
バックコートでアウトオブバウンズになったとき、審判がボールに触れる必要はありません。そのため、アウトオブバウンズが申告されたら、すぐにゲームを開始できます

❹チームは10人で1つ
ミニバスの試合では10人以上の選手を使わなければならず、全員必ず1クォーター以上出場させなければなりません。ですから、チームは"10人で1つ"と考えてください

PART-ONE　ミニバスがうまくなるために！

まずはこれを覚えておこう❶

ボールを持ってシュート！は、理屈抜きでおもしろい

FIRST SKILL　レイアップシュート

まずはシュートが入ることを優先しましょう。ボールは持ったまま走ってかまいません

❶ そして、ゴール近くなったら1歩目を踏み出します

❷ 続いて2歩目を踏みながら、ジャンプの体勢に入ります

❸ 飛びながらボールを投げましょう

初めてミニバスをする人はここからスタート！

「今日、初めてミニバスをする」という人には、まずレイアップシュートを試してもらいます。

始めたばかりのころに、いちばん楽しいのはシュートです。自分より背の高い場所にあるゴールめがけてボールを投げて、それが入ってしまう！　これは小学生だけでなく、大人がやってもおもしろいことです。そこで、初めてはまずシュートを行って"ミニバスのおもしろさ"を覚えましょう。

でも、いきなり"ドリブルをしてレイアップシュート"というのは難しいので、最初はボールを持ったままでかまいません。ボールを持ったまま走って、「タン、タン」と2歩踏み切ってシュート！　これだけを覚えましょう。じつは、ボールを持ったままでも「タン、タン、シュート」というリズムを行うだけで、トラベリングになってしまうクセを押さえることができるのです。

また、ここで大事なことは、指導者や上級生はシュートが入るまでつき合ってあげること。そして、入らなかったら「ゴールをよく見て、ボードの角をねらってみてね」とか「あそこの角に置いてくるような気持ちで弱めに投げてみて」と"やさしく"アドバイスし、入ったら「やったね！」「できるじゃん！」と声をかけましょう。

ミニバスの基本テクニック
036 ▶ 037

■Check Point■
足で踏む場所にぞうきんを置く

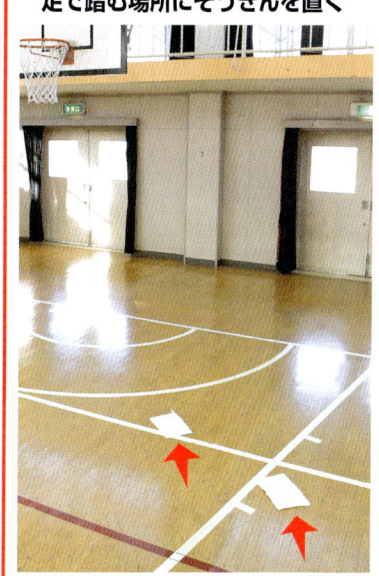

このように、足で踏む場所にぞうきんなどを置くと、よりわかりやすくなります。ただし、ぞうきんがぬれすぎていたり、乾きすぎていたりするとすべってしまうので注意してください

Coach's EYE　入門編だから、とにかく楽しく

　ミニバスは、子どもにとってチームスポーツの入門編です。絶対に嫌いにさせないことが大切です。

　もし、最初から「そうじゃない！　こうやるんだ！」と高圧的に教えてしまったら、選手は当然萎縮してしまいます。初めてなのだからできないのは当然ですし、子どもたちも、できなければ楽しくありません。

　チームの中には、上級生が下級生を指導するようなシステムをとっているところも多いと思うので、指導者は上級生がどのように教えているか、しっかりと見てください。この最初の結果によって、その子のミニバスに対する思いが変わってしまいます。

　とにかく大切なことは、どんなに入らなくても、辛抱強く適切なアドバイスを挟みつつ、飽きさせないようにすること。そして、成功体験を与えて「私（僕）にもできるんだ」という気持ちをもってもらうことです。

PART-ONE ミニバスがうまくなるために！

まずはこれを覚えておこう❷

すばやく止まって すばやく動くのが、 ミニバスの動作の基本

だれでもできる動作が 効果的な"武器"になる

　ミニバスは"止まる"と"走る"の動作が多いスポーツです。すばやく止まって、すばやく動く。言葉にすると簡単ですが、この"すばやく止まる"というのがなかなか難しいのです。

　また、パスをもらうときは、ほぼ100％動きながらのことになるので、どうやって止まるかによって次の展開が変わってきます。

　例えば、両足で着地した場合は、左右どちらの足を軸足にしてピボット（040ページ参照）をしてもかまいません。しかし、パスをもらって右足→左足と着地をした場合は、右足が軸足になるので、その後の移動は右に行きやすく、左に行きにくくなります。言葉ではなかなか理解しにくいと思いますが、実際に動いてみるとすぐに、両足で着地したほうがどちらにも行きやすい、ということがわかります。

　ミニバスにおけるすばやさとは、足の速さではなく、このストップの動作と次のページで紹介するピボットの動作の速さにかかっています。右方向に走っていってパスをもらい、その直後に左に切り返して移動。そのときに相手ディフェンスは当然、自分と一緒の方向に走っているので、すばやく切り返されたら追いつけません。

　このように、だれでもできる"止まる"と"走る"という動作でさえ、上達すれば効果的な武器になってしまうのがミニバスなのです。

■ストップの種類■

1 ジャンプストップ

ボールをもらうときは、両足で同時に着地するジャンプストップが基本です。こうすれば、次に左右どちらの足を動かしてもトラベリングになりません

足をやや開いてキュッと止まります

2 ストライドストップ

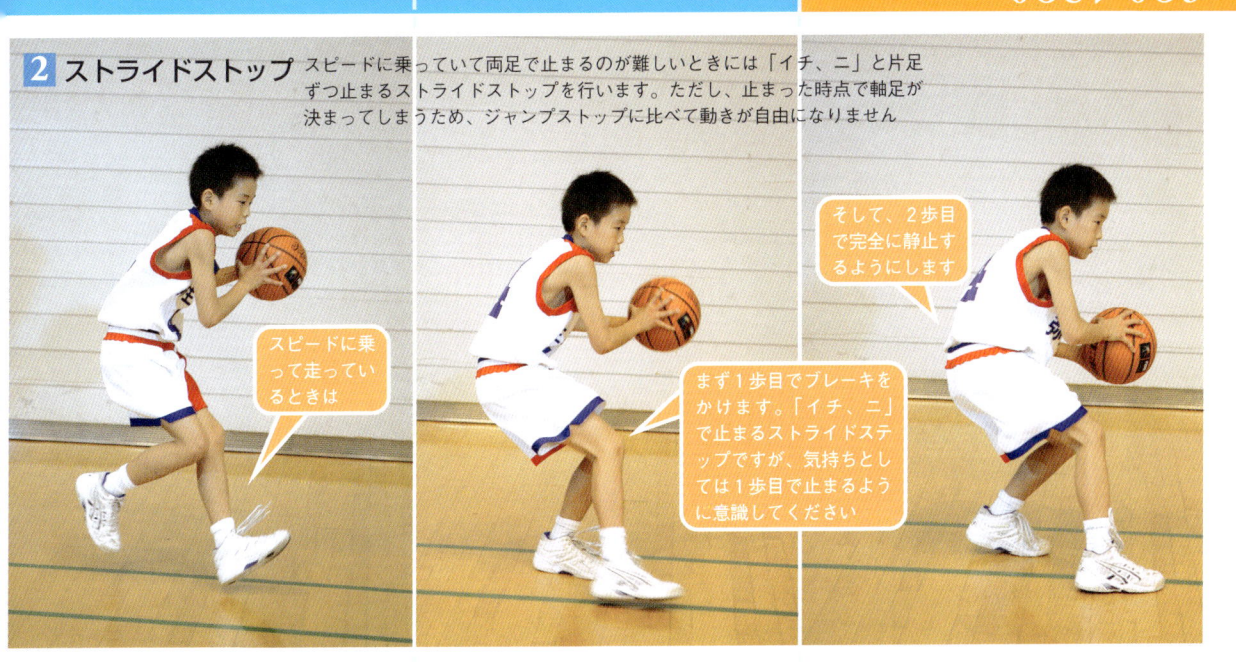

スピードに乗っていて両足で止まるのが難しいときには「イチ、ニ」と片足ずつ止まるストライドストップを行います。ただし、止まった時点で軸足が決まってしまうため、ジャンプストップに比べて動きが自由になりません

> スピードに乗って走っているときは

> まず1歩目でブレーキをかけます。「イチ、ニ」で止まるストライドステップですが、気持ちとしては1歩目で止まるように意識してください

> そして、2歩目で完全に静止するようにします

Check Point　すばやく止まるためのコツ

　スピードに乗っている状態からすばやく止まろうとすると、足に大きな負担がかかります。そこで、なるべく足に大きな負担をかけないような止まり方を覚えておきましょう

　まず大事なのは、止まるときのつま先とひざの向きです。つま先とひざはしっかりと"止まったときのカラダと同じ方向に向ける"ようにしてください。

　右から左に向かって走っているときにパスをゴールの正面から受けるという状況もありますが、その場合はつま先とひざを正面に向けて止まりましょう。これをしっかりと行えば、ストップ時の事故を大きく防ぐことができるばかりか、すばやく止まることもできるようになります

[ジャンプストップ]　　[ストライドストップ]

> つま先とひざを、止まったときのカラダと同じ方向に向けましょう

PART-ONE ミニバスがうまくなるために！

まずはこれを覚えておこう❸

ピボットは、バスケットに特徴的な方向転換のテクニック

じつは、うまい人でも使いこなせていない

バスケットでは、ボールを持ったまま3歩以上歩くとトラベリングとなってしまいます。しかし、右足→左足と歩いた場合、最初についた右足をコートにつけたままなら、左足は何度踏み替えてもトラベリングにはなりません。これを利用して、片方の足を軸に、クルクルと方向を変える技術がピボットです。

ピボットによる方向転換はバスケットにおいて重要な意味をもちます。カラダの向きを変えることで相手からボールを守る、足をしっかり踏み替えることでカラダの動きを安定させ、力強い動きが可能になる、など美しいプレーをするためには絶対にうまくなる必要がある技術です。

しかし、それだけ重要な技術であるにもかかわらず、うまくできる人は本当に少ないのです！　ですが、みんながうまくできていないということは、大きなチャンスでもあります。

この本を読んだ人は"ピボットをしっかりと行う意識"とここに書いてあるポイントを忘れずに行いましょう。そうすれば、ミニバスを続けていくうえでの大きな武器を手に入れることができるはずです。

■ピボットの種類■

1 フロントターン

踏み替える足をカラダの前に出して回るのがフロントターンです。まずはこのターンで足の動かし方、カラダのバランスのとり方を覚えましょう

ボールを受け取ったら、片方のつま先を軸にしてクルッと回ります

2 リバースターン

踏み替える足をカラダのうしろに引きながら回るのがリバースターンです。ゴール下で相手との距離が離れているときに使いますが、フロントターンに比べてバランスがくずれやすいので、注意しましょう

フロントターンと同様に、片方のつま先を軸にして今度はうしろに回ります

■ピボットの足の運び

1 フロントターン

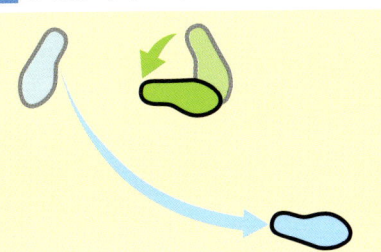

2 リバースターン

■ Check Point　すばやいピボットのコツ

ピボットで大切なのは、すばやく回ることです。それには、足の運び方が重要になります。ピボットのときの足の運びは、右の図のように、踏み出す足をいったん軸足に近づけてから、行きたい方向に出します。こうすることでカラダのバランスもくずれにくくなり、自分のカラダが小さなコマになったようにクルッとすばやく回ることができます。

また、足といっしょにボールや顔も踏み出す方向にすばやく向けると、自然にカラダがその方向についていくので、これらができればすばやいピボットが行えます

- 足より先に、顔とボールを踏み出す方向に向けます
- 回りながら、軸足に近づけてから踏み出します
- 軸足、つま先で回転します

■ SKILL UP　ストップからピボットの動作をすばやく

前ページのストップとここで紹介したピボットの2つを組み合わせることで、すばやく止まって、すばやく動くことができるようになります

止まる、走るという動作自体はだれでもできることなので、ドリブルやシュートなどボールを扱うテクニックがうまい選手でも"すばやく止まって、すばやく動く"ということを真剣に意識している人はあまりいません

ボールを扱うテクニックはボールハンドリングや練習で徐々にうまくなっていきますが、それにプラスして、いつも"すばやく止まって、すばやく動く"ことを意識して練習を行えば、ボールの扱いがうまくなるころには間違いなく、だれよりも速い選手になれるでしょう

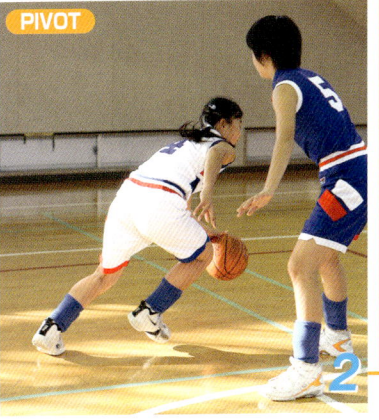

STOP 1　PIVOT 2

PART-TWO

　オフェンスの楽しみを言葉で表すなら"ゾクゾクする楽しみ"といえるでしょう。シュートが入った瞬間や、相手を抜いた瞬間、ねらい通りのパスが決まった瞬間など、連続した動きの中の一瞬にゾクッとするほどの大きな喜びと感激を味わうことができるのがバスケット（ミニバス）のオフェンスです。

　これは、テレビゲームや友だちとのおしゃべりなどでは決して味わうことのできない種類の楽しみです。このPART-TWOでは、そのようなゾクゾクする瞬間をたくさん体験できるようになるためのオフェンス技術を紹介していきます。

　技術を習得するためには反復練習が必要なので、途中でつらくなったり、練習がめんどうになったりすることもあるでしょう。そんなときには少し昔の自分を思い出してください。できることが少なかったころのプレーと今の自分のプレーを比べれば、技術を覚えることの大切さがわかり、初心にもどってがんばれるでしょう。

オフェンス技術を身につける

PART-TWO　オフェンス技術を身につける

1つ技術を覚えるたびに、できるプレーの幅が広がっていく

技術は、使い方が正しければ必ず得をするもの

　このPART TWOでは、パス、シュート、ドリブルなど、オフェンス（攻撃）で使うさまざまなテクニックを紹介していきます。

　まずは「なぜ技術を覚える必要があるのか？」ということから説明しましょう。みなさんは「絵を描くとき必要な物は何？」と聞かれれば、紙、鉛筆、絵の具、筆、パレットなど、さまざまな道具を思い浮かべますね。ミニバスにおける技術は、まさにこれらの道具に当たります。

　自分は今、ボールを持っています。しかし、真正面に相手がいてどうしようもありません。周りを見渡してみると、横に味方がいます。さて、どうすればいいでしょうか。

　そんなときは、味方にパスをすればいいのです。ミニバスを知らない人でも、これならわかりますね？　でも、もしその人が"パス"というものをまったく知らなかったとしたらどうなるでしょうか。当然、相手にボールを取られたり、シュートを打てずに30秒過ぎたりして、相手ボールになってしまいます。

　ほかにも、ゴール近くでパスを受けたときに、ノーマークならそのままシュート。相手が目の前にいるならドリブルで抜くか味方にパスを出してシュートまでもっていく――というように、状況に応じて使える技術は変わってきます。つまり、1つ技術を覚えるごとに、自分が置かれた状況に対応する方法が増え、プレーの幅はドンドン広がっていきます。

　技術は、覚えて損ということは決してありません。"使い方さえ間違えなければ必ず得をするもの"なのです。それぞれの技術とその使いどころを覚えて、グングンうまくなっていきましょう！

パス

MINI-BASKETBALL CLINIC
for all players & coaches

オフェンス技術について
044▶045

シュート

ドリブル

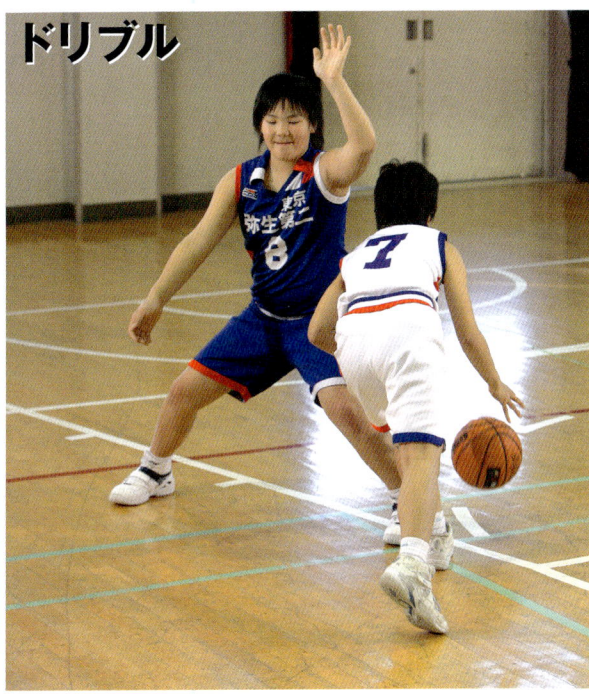

Check Point 覚えたあとの使い方も大事

下の右側と左側の写真ではディフェンスの位置が変わっています。こんなときにみなさんはどうしますか？
相手が離れていれば、シュートを打つことができます。しかし、近づいてしまっては、シュートを打っても入る確率は下がります。技術は、覚えたあとの使い方も大事になってくるのです

離れている

近い

PART-TWO オフェンス技術を身につける

パス

パスを出すときは、つねに味方のことを考えて

ねらい通りのパスが決まると最高に気持ちいい!!

　ミニバスを始めてすぐのころは、当然シュートを決めることがいちばん楽しいと思います。でも、続けているうちに、パスの楽しさや喜びというのもわかるようになってきます。
　まず、パスはノーマークの味方を探すことから始まります。
　相手のレベルが高いときは、味方もなかなかノーマークにはなれません。もちろん、自分にも厳しいマークがついています。こんな状況の中で、味方がノーマークになった一瞬を逃さずにパスを送る。
　味方が走りやすい場所や、もっとも簡単にシュートができる場所へパスを通すために、味方の数秒先の動きを読んで、バウンドパスや浮かせたパスなどの選択を一瞬で判断し、正しいパス技術を選択して出すのが理想です。
"ノーマークの味方を探し、その味方が取りやすい場所に、取りやすい強さで投げる。敵にカットされず、なおかつ、味方にとっては取りやすいパス技術を使う"
　たった1本のパスを送るだけでも、これだけのことを考えて行う必要があります。「たいへんだ!」と感じるでしょう。でも、だからこそ、これらがすべて決まってキレイなパスが通ったときは、何ものにも代えがたい気持ちよさを感じることができるのです。

1

2

パスについて

パスのテクニックを上達させるには？

パスは"間（ま）の芸術"とも呼ばれています。味方がノーマークになるのは一瞬のことですが、その一瞬の中に、さらに"もらってうれしい一瞬"があるのです。

ミニバスのコートはそれほど広くないため、サイドラインからゴールまでなら5歩もあればたどり着いてしまいます。そのうちの2歩を相手を振り切るために使うとすると、残りの2歩をレイアップシュートのために使うので、レイアップを打つのに最高のパスを送るにはたった1歩分の時間しか与えられないのです。

このような一瞬の間を逃さずに「スパン！」と味方に取りやすいパスを送る。これはまさに芸術といってもいいでしょう。

こんな芸術的なパスを出すには、技術も必要ですが、タイミングを逃さない"センス"も重要です。ただし、ここでいうセンスとは、先天的な才能という意味ではありません。たしかに、大学生や社会人の年齢に達してからパスセンスを向上させるのはむずかしいことですが、感性が向上しているまっ最中であるミニバス時代は、センスを大幅に伸ばせるのです。

センスを伸ばすための特別な練習法というものはありませんが、つねに"味方を思いやる気持ち"を忘れなければ味方が「もらいたい」と思う瞬間がわかってきます。あとはそれに合わせてカラダを動かせばいいだけです。

「あいつはどんなパスだったら取りやすいか、どのタイミングだったら取りやすいか」「右サイドの味方、左サイドの味方、今、どっちがチャンスを生み出しやすい状態にいるのか」

練習中はそういうことをつねに意識しながら、味方に合わせたパスを出すようにしてください。そうすれば、パスセンスも自然にみがかれて、向上していくことでしょう。

PART-TWO オフェンス技術を身につける

パスキャッチ

ミニバスでは、パスキャッチは重要な技術の1つ

パスを出す前に、受ける技術を覚える

　パスを出す技術の前に、パスの受け取り方を覚えましょう。
　パスキャッチができなければ、当然パスやその他のプレーはできません。
　また、ミニバス用のボールは、ほかの球技と違ってボールが大きく、重いので、正しいパスキャッチを覚えていないと、突き指をしてしまったり、向かってくるボールをつい避けてしまったり、キャッチの瞬間に顔を背けたりしてしまいます。
　そんな状態では、楽しくプレーをすることはできません。まずはボールの大きさと飛んでくるボールに慣れるために、パスキャッチの練習から始めましょう。

MINI-BASKETBALL CLINIC
for all players & coaches

パスキャッチ
048 ▶ 049

■ Check Point ■ 最初のパスキャッチ

ヒジを軽く曲げておけば、ボールが手のひらに当たっても痛くありません。最初はこの格好で何度かパス交換をして、向かってくるボールが怖くないことを覚えてください。

手のひらに当たる瞬間までボールを見ることができるようになれば、キャッチも簡単にできるようになります。

▲最初はキャッチできなくてもいいので、手のひらをボールに向けましょう。そうしておけば、絶対に突き指しません

1   *2*   *3*

■ Check Point ■ 正しいパスキャッチ

手の中にボールが入ったら、ボールの勢いを吸収するように、手をスーッと胸元に持っていきましょう

1   *2*   *3*

PART-TWO オフェンス技術を身につける

ミニバスでは、パスキャッチは重要な技術の1つ

SKILL UP　慣れてきたら、前に進みながらパスキャッチ

ボールをふつうにキャッチできるようになったら、今度は向かってくるボールに対して1歩進みながらキャッチしてみましょう。

インサイド（台形のラインあたり）でもらうとき以外は、ボールは1歩進んでもらうことが基本になります。その理由は、
- ●パスカットを防ぐため
- ●チャンスを作りやすくするため

の2点です。

パスカットを防ぐというのは、簡単にわかると思います。試合では当然、相手も真剣に自分をマークしています。相手は「カットできる」と思ったら、手を伸ばしてボールに触れようとしてきますが、そこで1歩前に進めば、相手のカラダよりも前に出ることができ、カットされる可能性が低くなります。

チャンスを作るとは"シュートを打ちやすい状況を生み出す"ということです。もし、自分が1歩前に出たときに、相手ディフェンスが動かなければどうなるでしょう？　当然、自分とゴールの間にだれもいなくなるのですから、シュートも簡単に打てるようになります。

また、相手が自分の動きについてきたとしても、今まで自分のいた位置はだれもいなくなるので、そこに味方がディフェンスを振り切って入り、その人にパスを出せば、シュートチャンスになります。

つまり、チャンスとは動くことから始まるのです。

動かないと、何も始まりません。そのことを頭に入れ、パスは必ず動きながらもらうことを習慣づけましょう

◀"パスを動きながらもらう"――これは、ミニバスの大事なテクニックの1つです。練習のときも必ず動きながらもらうようにして、早めにクセをつけておきましょう。また、パスを出したほうも動くようにしましょう。動けば、その分だけチャンスが広がる――ミニバスは、そういうスポーツです

1　2　3　4

■前に進みながらパスキャッチして、チャンスを作る■

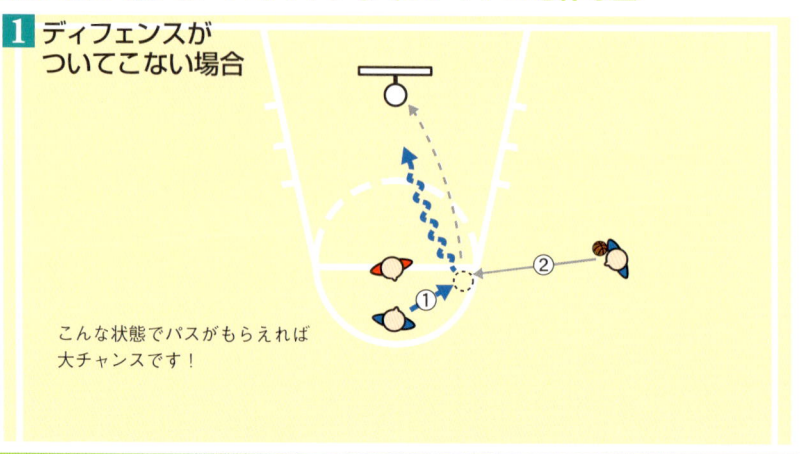

1 ディフェンスがついてこない場合

こんな状態でパスがもらえれば大チャンスです！

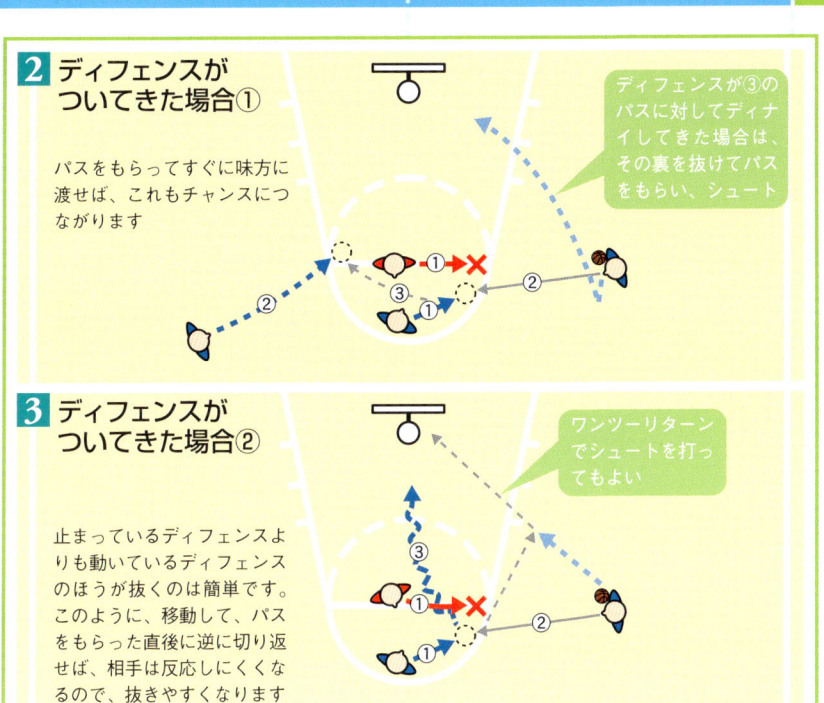

2 ディフェンスがついてきた場合①

パスをもらってすぐに味方に渡せば、これもチャンスにつながります

ディフェンスが③のパスに対してディナイしてきた場合は、その裏を抜けてパスをもらい、シュート

3 ディフェンスがついてきた場合②

止まっているディフェンスよりも動いているディフェンスのほうが抜くのは簡単です。このように、移動して、パスをもらった直後に逆に切り返せば、相手は反応しにくくなるので、抜きやすくなります

ワンツーリターンでシュートを打ってもよい

Coach's EYE ミニバスの技術修得はパスキャッチから

　ミニバスの初心者には、シュートを打って「楽しい」と感じてもらうところからスタートします（036ページ参照）。

　本書では、そのあとにピボットとストップを紹介していますが、これらは1人でも練習できる技術という意味でそこに置いたにすぎません。

　実際にチーム練習に参加させる場合は、シュートの次はパスキャッチを教えるといいでしょう。パスキャッチができないと、ほとんどの練習に参加できません。また、無理に参加して、突き指でもしてしまったら、せっかくの「楽しい」印象が「ミニバスは怖い」という思いに変わって、何をするにもビクビクしながらプレーすることにもなりかねません。

　子どもにとって、ミニバス用のボールはとても大きな物です。そんな大きな物が速いスピードで自分に向かってくるのですから、怖さを感じて当然です。ただし、パスキャッチさえできれば、ボールに対する恐怖心などもたずにすみ、練習にも積極的に参加できる土壌ができあがるのです。

▲パスキャッチの技術を知らない子どもが、怖がってつい顔を背けたり、手を変な方向に構えたりしても不思議ではありません。変なクセをつけさせないためにも、まずは"手のひらをボールに向ければ、ボールは怖くない"ということを体感してもらいましょう

PART-TWO オフェンス技術を身につける

基本姿勢

基本姿勢は、パス、ドリブル、シュートに移りやすい構えで

パスキャッチの直前直後＝ミートを覚える

パスキャッチができたら、次は"キャッチしたあと"について覚えていきましょう。パスをキャッチしたらその直後に"トリプルスレット"という体勢を作ってください。トリプルスレットの形は、右に写真で紹介しているので、しっかりと見てマネをしてください。この体勢は、パス、ドリブル、シュート、どのプレーにもすばやく移ることができる形です。

最初はゆっくりでもいいので、パスをもらったらトリプルスレットの形をとるクセをつけるようにしてください。これを徹底的に練習していけば、いずれはパスをもらった瞬間にトリプルスレットの形をとるようになれます。

パスをもらう＝トリプルスレットの形をとる。これは本当に大切なことです。この体勢を作ることで、ボールをもらった瞬間にどんな状況になっても、対応することができます。

パスキャッチで紹介した、"1歩前に出てキャッチすること"と"ボールをキャッチしてトリプルスレットの形をとること"をまとめて"ミート"と呼びます。

▶ 連続写真で見ると、パスを受けたとほぼ同時にトリプルスレットの形をとっているのがわかります。みなさんもできるように目ざしましょう。

■トリプルスレットの体勢■

- ボールの高さは胸あたりにし、引いた足の方向に持っていく
- 顔は前を向く。できれば、ボールをもらった直後はゴールに目線を送る
- カラダは左右どちらにも傾かないように
- 足は片方を軽く引き、重心はカラダの真下に置く。パスをもらったらこの形をとれるように、よく練習しておきましょう
- ひざを軽く曲げ、すぐに動きだせるようにする

1　2　3

ボールを持ったときの基本姿勢

SKILL UP　トリプルスレットから各動作へ

トリプルスレットからパス、ドリブル、シュートを行ってみましょう。大事なのは、スムーズに行えることです。トリプルスレットの状態からスッと足を出して体重を乗せ、パスやドリブルに。また、トリプルスレットの高さからボールを下げずにそのままシュート。

どの動きをするにしても、大事なのは"最短距離で行う"ことです。トリプルスレットの高さからいったんボールを下げることで、反動をつけてからパスやシュートを行う人も多くいます。しかし、それは余分な動きです。

どういうことかというと、
❶キャッチしてトリプルスレット
❷ボールを下げる
❸パスやシュート、ドリブル

のように「イチ、ニ、サン」のリズムになっているのです。これがクセになってしまうとなかなか直せません。

どんな動きをするときでも、
❶キャッチしてトリプルスレット
❷パスやシュート、ドリブル

と「イチ、ニ」のリズムで行うようにしましょう

▶シュートは"もらって、打つ"のリズムです。最初は「イチ、ニ」と数えながら行うのもいいでしょう

パス

ドリブル

シュート

Coach's EYE　中学、高校のバスケット指導者の意見

ミニバスを経験していても、トリプルスレットができずに"ボールを持ったらまずドリブルする"クセのある選手はたくさんいます。こういう子は"ドリブルをしながら次の展開を考える"リズムになっているのです。しかし、そのリズムでは遅すぎます。

次の展開を考える時間は、ボールをもらう前にすでにもっておかなければなりません。クセがついていると、頭では「ボールをもらった瞬間にパスを出そう」と考えていても"ボールをもったらまずドリブル"というカラダのリズムが邪魔をして、パスミスをしてしまうことも多々あります。

一度身についてしまったリズムを矯正するのはとても難しいことです。実際、中学や高校でバスケットを教えている方の多くはこの点で苦しんでいます。

ミニバスでは楽しくバスケットをすることも大事ですが、ミートやピボット、ストップなど、バスケットをプレーするうえでもっとも大事な部分についてはあいまいにせず"しっかりと"指導しておきましょう。多くの子どもたちが中学に入ってもバスケットを続けるのですから、結果的にそのほうが、選手のためにもなるのです。

PART-TWO オフェンス技術を身につける

パス

すばやく出せるチェストパスは、すべてのパスの基本形

小さな動きですばやく出せるのがメリット

　ここからは、パスを出す技術を紹介していきます。まずは、すべてのパスの基本となるチェストパスから覚えていきましょう。
　"チェスト"とは胸という意味です。つまり、チェストパスは胸からボールを出すパスのことです。
　このパスのメリットは、小さな動きですばやく直線的なボールを出せることにあります。もし、正面に相手がいない状態でパスを出すときは、必ずパス技術を使うようにしましょう。
　チェストパスの手の動きは、ほかのいろいろなパス技術でも使います。また、シュート（ツーハンドシュート）もチェストパスと同じ動きを行うので、たくさん練習して、ねらった場所へ正確に届かせるようにしておきましょう。そうすれば、ほかのパス技術やシュートもうまくなっていきます。

■チェストパス■

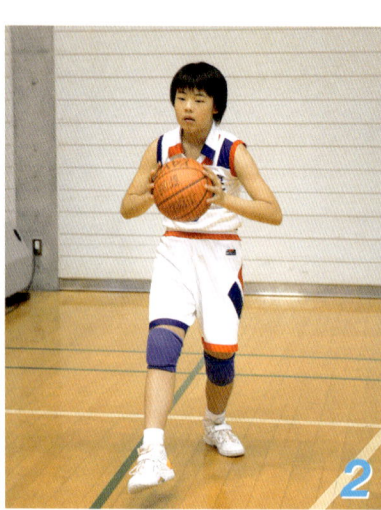

❶ まずは、1歩踏み出します。そのとき、踏み込んだ足にしっかりと体重を乗せてください
❷ 踏み込んだときの力を、徐々にカラダの上のほうへと移動させていきます
❸ そして両手を伸ばしていき…
❹ 左右両方の手に均等に力を入れ、手首のスナップを利かせて押し出します

チェストパス

■ Check Point ■ 反動をつけない

ボールを投げるときにいったん腕を下げ、反動（勢い）をつけて投げている人も多いと思います。しかし、しっかりとカラダの力を使えば、腕を下げることでつく反動以上の力を出すことができます。一度腕を下げてしまうクセのある人は、今のうちに直しておきましょう

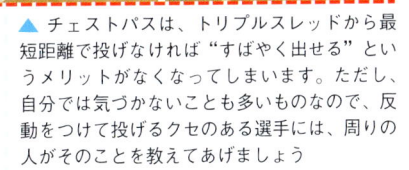

NG

▲ チェストパスは、トリプルスレッドから最短距離で投げなければ"すばやく出せる"というメリットがなくなってしまいます。ただし、自分では気づかないことも多いものなので、反動をつけて投げるクセのある選手には、周りの人がそのことを教えてあげましょう

■ Use Point ～使いどころ～
じゃまされなかったら必ずチェストパス

あらゆるパス技術の中でもっとも正確にすばやく投げられるので、パスをする味方と自分の間に敵がいなければ、必ずチェストパスを使うようにしてください

PART-TWO オフェンス技術を身につける

パス

バウンドパスは、ディフェンスが苦手な足元のスキをつきやすい

両手でも片手でも投げられる

バウンドパスとはその名のとおり、一度バウンドさせるパス技術です。投げるときは両手、片手、状況によって使い分けます。両手ならチェストパスと同じ投げ方になりますし、ドリブルしながらそのまま片手で出すこともあります。

バスケットは手でボールをあやつるため、足元などの下方向にスキができやすく、使う機会は多くなるでしょう。また、一度バウンドさせるため、それほど強いパスにはなりません。そのため、きちんと味方の胸元にボールが届けば、チェストパスよりも取りやすいパスになります。

▶チェストパスで投げてもワンハンドパスで投げても、ポイントは変わりません

■バウンドパス■

1

2

3

4

MINI-BASKETBALL CLINIC
for all players & coaches

バウンドパス

■ Use Point 〜使いどころ〜

敵が正面にいるときでも使えるのが、チェストパスとの違いです。正面のディフェンスがしっかり腰を落とせていない場合は、バウンドパスをドンドン使いましょう。とっさに腰を落としてボールに触れることは、むずかしいからです。

また、ノーマークの味方に取りやすいタイミングでパスを出すときにも使えます

● =ディフェンスにカットされにくところ

ディフェンスが"ぬるい"ときはバウンドパスで

1 *2* *3*

■ Check Point
バウンドさせる位置に注意！

バウンドパスに限らず、すべてのパスは味方の腰から胸元のあたりに届くように出すことが大切です。

ところがバウンドパスの場合は、味方のひざあたりでボールが届いてしまうことも多く、そうなるととても取りにくいパスになってしまいます。

そうならないように、バウンドさせる位置はしっかりと定めておきましょう。目安は味方と自分の中間くらいでバウンドさせるように投げること。これなら、味方の胸元に届きます

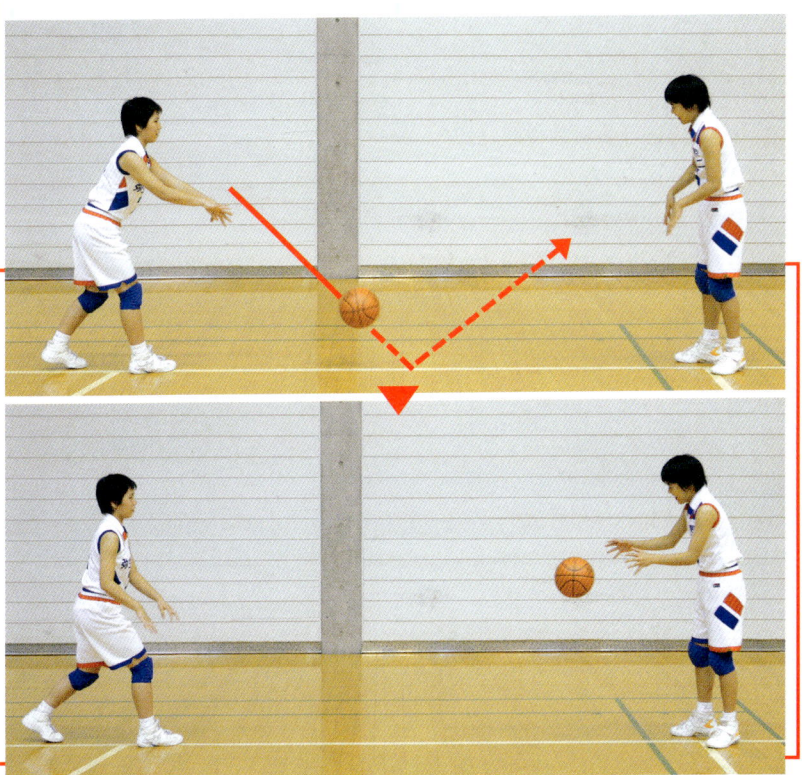

PART-TWO オフェンス技術を身につける

パス

ワンハンドサイドパスは、パスコースをふさがれたときに有効

左右に大きく動き、相手をつってから出す

　相手がディフェンスのうまい選手だと、しっかりとパスコースをふさいできます。そうなると、両手で出すチェストパスは使いにくくなり、片手でパスを出す機会が増えてきます。

　例えば、正面にディフェンスがいるときでも、左右どちらかに大きく踏み出せばパスを出せる空間ができます。そのときに使うパス技術がワンハンドサイドパスです。ディフェンスをかわしてから前方の味方にパスが出せるので、得点チャンスが生まれやすくなります。

　また、一度逆方向に動いて、敵の重心をそちらに移動させてからパスを出すと、より成功率は上がります。

❶ しっかりと大きく足を踏み出す
❷ もう片方の手で、しっかりとボールをガードしておく
❸ 投げるときは手を前に押し出していく
❹ 最後はワンハンドシュート（082〜083ページ参照）と同じような感覚で、手首を返す

■ワンハンドサイドパス■

MINI-BASKETBALL CLINIC
for all players & coaches

ワンハンドサイドパス
058▶059

■Check Point■
**左右とも
できるようになること！**

片方の腕でしかワンハンドサイドパスが出せないようでは、使える状況になっても半分しか活かすことができません。

初めて習った人でも、利き手ならすぐにできるようになるので、練習ではなるべく非利き手（右利きなら左手）を使い、左右両側から同じように出せるようになっておきましょう

Use Point〜使いどころ〜
**自分でパスのスペースを
作り出す**

このパス技術のメリットは、パスを出すスペースを自分で作れることにあります。下の2点の写真のように、左右に踏み出すだけで、これだけのスペースが生まれるのです。もし、味方が自分の前方でフリーになったときは、このパスで一気にシュートチャンスを作りましょう

PART-TWO　オフェンス技術を身につける

パス

身長の高い選手にとって、オーバーヘッドパスは有効な"武器"となる

頭の上からチェストパスを出す感覚で

　自分が敵よりも身長が高い場合に有効なパス技術です。ワンハンドサイドパスと同様に、前方に出して得点チャンスを生み出しやすく、また、すばやく出せるのが特徴です。

　ただし、だれでも使える技術というわけではありません。チェストパスのように全身の力を使って投げられないので、どうしても手首の力が必要になります。ですから、チーム練習で全員に覚えさせる技術ではなく、個人練習で身につけるパス技術だといえるでしょう。

■オーバーヘッドパス■

頭の上にボールを持っていき、そのまま手首のスナップでボールを押し出す

1

2

MINI-BASKETBALL CLINIC
for all players & coaches

オーバーヘッドパス

■Check Point　投げるときに振りかぶらない

オーバーヘッドパスを投げるときには、振りかぶらないようにしましょう。どのパスでも同じことがいえますが、少ない動きで効率的に出さなければ、取られる危険が増えてしまいます

NG

■Use Point ～使いどころ～
身長差があるときにとても有効

マークしている敵が自分よりも小さい状況をミスマッチといいますが、そのときは、相手の頭の上を通してしまいましょう。人間の目はヨコの変化よりもタテの変化に弱いので、すばやく出すことができれば、背の高い選手にとって大きな武器になるでしょう

PART-TWO オフェンス技術を身につける

パス

アンダーパスは、投げるのではなく送り出す感覚で

スッと差し出すように指先でコントロールを

野球のアンダースローのように下から出すパス技術です。ただし、野球とはまったく違う"投げる"というよりは"送り出す"ように出します。

前かがみになった状態からでも出せるため、相手ディフェンスの横に大きく足を踏み出して、カラダを並べてから出すなど、さまざまな状況で使うことができます。指先でボールをコントロールし、相手の胸元にしっかりと届かせるようにしましょう。

■アンダーパス■

▶足を踏み出して、カラダも前に倒します

ボールをしっかりと支えて、腕を前に伸ばしていきます

1
2
3

アンダーパス

■ Check Point
下からのパスでも、山なりはNG

　ほかのパス技術と違い、下から投げるという特殊な投げ方であるため、どうしてもパスの軌道が山なりになってしまいがちです。しかし、それでは味方に届くまでに時間がかかり、カットされる危険性も増してしまいます。
　パスの軌道は、山なりではなく直線です。アンダーパスでも、下から胸元までまっすぐ届くようにしっかりと練習しましょう。

手を伸ばした勢いと手首の返しでボールを送り出します

■ Use Point ～使いどころ～
カラダで相手をガードしながら出せる

　アンダーパスは、前かがみになっていても出せるパス技術です。ディフェンスが自分に近寄りすぎたときに、グッと1歩足を前に出してカラダを相手の横に入れてしまえば、カラダでボールをガードしながらパスを出すことができます。
　また、味方が目の前にいるときは、手渡しする感じでスッと差し出すようにしましょう。

PART-TWO オフェンス技術を身につける

パス

ショルダーパスで投げるのは、筋力がついてからでいい

遠くの味方に"タッチダウンパス"

遠くにいる味方にパスを出すときに使います。写真のとおり、アメリカンフットボールの"タッチダウンパス"のように投げますが、手が小さいとねらいが定まらず、筋力が弱いと遠くに届かないので、正確な投げ方を覚えてもうまくいかない場合があります。

そこで、遠くの味方にパスを出すときは、ショルダーパスから覚えるのではなく、チェストパスで遠くに投げる練習をしましょう。しっかりとカラダの力を使って投げられれば、遠くに飛ばすのも、それほどむずかしくはないでしょう。

■ショルダーパス■

頭のややうしろくらいの位置から、ワンハンドサイドパスなどと同じように腕を押し出していく

手首を返し、最後は指先にボールがひっかかるような感覚で出す

1 2 3 4

MINI-BASKETBALL CLINIC
for all players & coaches

ショルダーパス
064▶065

■Check Point■ 投げるときに振りかぶらない

　しっかりと足を踏み出すときの力を利用すれば、構えた位置から押し出すだけで遠くに投げることはできます。ただし、くり返しますが、無理にショルダーパスで投げる必要はありません

NG

■Use Point～使いどころ～■
使い道はただ1つ

　ショルダーパスは遠くの味方に出すという使い道しかありません。ただし、ロングパスは正確性がとても大切です。投げる前に「どこに、どんな軌道で投げるか」をしっかりとイメージして、そのとおりに投げられないと味方に迷惑がかかります。

　また、味方に届くまでに時間がかかるので、味方の移動も計算に入れて投げる必要があります。正確に投げる自信がつかないうちは、チェストパスで遠くに投げるようにしましょう

▼チェストパスのほうがコースは正確です

PART-TWO　オフェンス技術を身につける

ストップ

"前に出てパスキャッチ"は左右どちら側でもできるようにしておきたい

パスキャッチしたあとの動きも考えて

　パスキャッチの基本は、1歩前に出てもらうことです。これは前にも説明しましたし、練習してできるようになった人も多いかもしれません。しかし、いつも同じ側の足を出してパスを受けてはいませんか？

　右足を出してパスキャッチした場合、次に前に出るのは左足です。もし、パスを受けてすぐに相手を抜こうと思っても、右から来たパスなのに右足を出してキャッチすると、自分と相手ディフェンスは正面で向き合う形になってしまいます。これでは、抜きにくくなるだけでなく、キャッチした瞬間に下からボールをたたかれてしまう可能性も出てきます。

　つまり、1歩前に出るだけでなく、次の動きを考えると"どちら側の足を出すか"も重要になるのです。パスキャッチの練習では、出す足を左右同じ、あるいは自分が出しにくい側を逆に多くして、両方ともできるようになりましょう。

　左右どちらの足で受けても自由に動けるようにしておけば、あとは経験を積めば「この状況なら右足を前に出して受けたほうがいい」ということがわかり、自然に有利なパスキャッチができるようになっていきます。

■右足でストップ■

1

2

■左足でストップ■

1

2

パスキャッチ後の動き
066 ▶ 067

■SKILL UP　パス練習ではキャッチも真剣に

手に利き手と非利き手があるように、足にも利き足と非利き足があります。どちら側でもパスが受けれるように練習しておかないと、つねに利き足を軸にしてパスをもらうようにカラダのリズムが作られてしまいます。しっかり両方ともできるようになっておきましょう

> パス練習では、キャッチがおろそかになりがちです。しかし、こういうことに気をつけておけば、効率よく練習できます

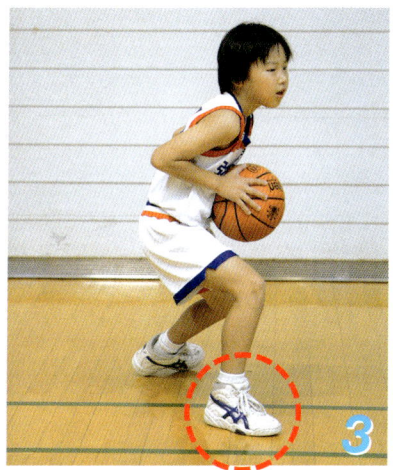

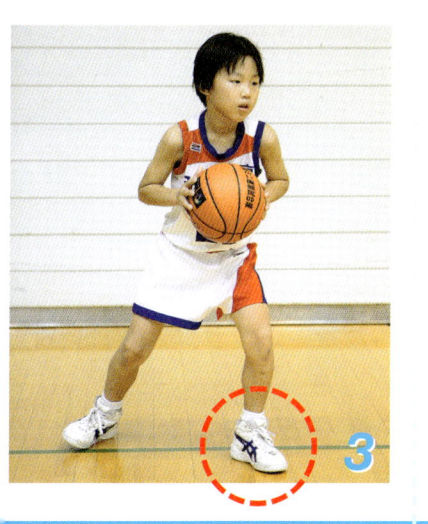

■Check Point　"どちら側で受けたか"でこんなに違う

右足を出してパスを受けた場合と左足を出して受けた場合とでは、あとの状況がこんなにも変わります

[右足でストップ]　　[左足でストップ]

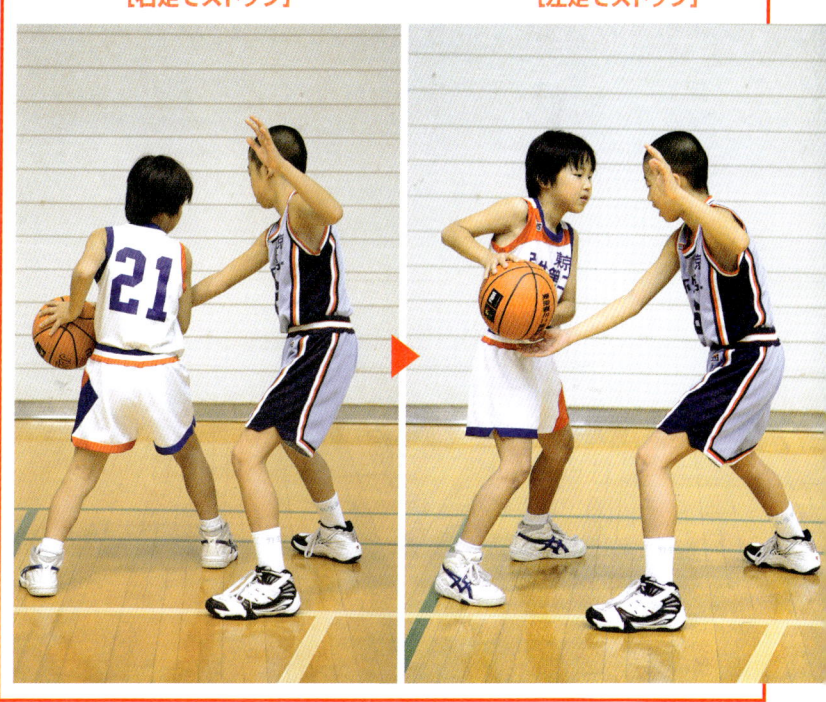

PART-TWO オフェンス技術を身につける

パス

パスは、味方のプレーを予測して、移動先に出すことが大事

試合中のパス交換は、動きながら行うことが多い

　パスを出すときに気をつけてほしいのは、敵に取られないように出す、味方の胸元に出すということですが、もう1つ大事な要素があります。それは"味方が移動するであろう場所に出す"ことです。

　試合では、敵も味方も1か所にとどまっていることはなく、たいてい動きながらパスをもらいます。そこで重要になるのが「パスが届くときに味方はここまで移動しているだろう」という予測です。このように、受ける味方の動きを予測しながらパスを出すことを"リードパス"といいます。

　また、味方にどのように動いてほしいかを考えてパスを出しましょう。例えば、パスキャッチしてそのままシュートが打てそうなら「そのままシュートに行け！」という気持ちをこめてパスを出すのです。こうすると、自然に次の行動に移りやすいパスを出すことができるため、キャッチした味方もその思いを受け止めて、自分の望んだプレーをしてくれます。

　こうなれば、プレーにスピード感が出て、チーム内に信頼感も生まれて、どんどんすばらしいチームに変わっていきます。

■リードパス■

→ 味方の動き　→ 相手の動き　→ ボールの動き

リードパスの重要性

SKILL UP
パスを出す前に、目を合わせること

パスするときは"目が合った"味方に出しましょう。"アイコンタクト"という言葉をよく聞くと思います。目を合わせずにパスを出すと、味方が準備をしていないために、正確に胸元に投げてもキャッチミスをすることがよくあります。一度目を合わせておけば、その人は「パスが来るな」と心構えをすることができるので、その後ノールックパス（パスする相手と関係のない方向を見ながらパスを出すこと）をしても、キャッチミスをする確率は少なくなります

▲このように、パスを出してそれが届く間に受け手の位置は変わります。ですから、パスは"味方が移動しているであろう"場所に送らなくてはいけません。

と、改めて書くとむずかしく感じられるかもしれませんが、みなさん自然にできていると思います。しかし「なぜ、そうするのか」を覚えておくことで、失敗したときにその理由がわかるし、チームメイトに教えるときにもしっかり説明できるようになります。

練習でいろいろなプレーのリズムや感覚をみがくとともに、そのプレーをする理由も知っておくと、あとで役立ちます

LEVEL-UP TRAINING

パス

パスがよりうまくなるためのレベルアップトレーニング

LEVEL ★☆☆☆☆ 対面パス

　2人が向かい合ってパスをします。チェストパス、サイドパス、2人の距離をとってショルダーパス、ロングチェストパスなど、これまでに紹介したパスをひと通り行いましょう。

　パスを受ける側は、しっかりと1歩前に踏み出してミートしましょう。踏み出しは、左右両足とも行ってください。

　また、指導者やキャプテンが笛を持って、鳴らすたびに、右足⇄左足と踏み出す足を切り替えると、判断能力も身につき、より効率的な練習になります。

[チェストパス]

2人で交互にパスを出し合います。パスの基本となる練習なので、チーム練習時には毎回行うようにしておきましょう

[サイドパス]

▶パスばかりでなく、キャッチもしっかりと行うようにしてください

LEVEL ★★☆☆☆ ツーボール対面パス

　対面パスとほぼ同じですが、今度はそれぞれがボールを持った状態での対面パスになります。

　同時にパスを出すので、チェストパスとバウンドパスや、2人でサイドパスなど、パスの種類に気をつけなければなりません。

　この練習のメリットは、自分がパスを出したあと、すぐに向かってくるボールに目を移さなくてはいけないので"パスしたボールを目で追わなくなること"にあります。パスをしたあとで、そのボールを目で追ってしまう（そのために動き出しが遅くなる）クセは、ミニバスだけでなく、中高生にもよく見られます。ミニバスの段階から直しておくと"いつでも人より動き出しの早い選手"になれるのです。

▶片方はバウンド、片方はチェストと、違うパスの出し合うことは、お互いの意思疎通がなければできないので、コミュニケーション能力の向上にも役立ちます

Another variation　ワンツーパス→シュート

　走りながらワンツーパスをくり返し、最後にレイアップシュートをするといった練習もあります。試合では、パスは走りながら出して、走りながらもらうことがほとんどなので、止まった状態でのパス交換よりも実戦的です。さらに、ボール2つにして走りながらパス交換を行い、最後に2人ともシュートする練習もあります。"2人ともシュートが入ったら交代"などゲーム性をもたせれば、より楽しく練習を行うことができます。

LEVEL-UP TRAINING
パスがよりうまくなるためのレベルアップトレーニング

LEVEL ★★★★★ パスミート（3人パス）

コートの両サイドにボールを持った2人を、中央に1人を置いて行う、パスミートからのトリプルスレット練習です。

片方のサイドから中央にパスを出し、パスを受けた中央の選手は、ミートキャッチをしながらリングに向かい、トリプルスレットの形をとります（このとき、リングを見ます）。次に、パスを受けた側にピボットして踏み込み、パスを出します。

そのあとで向きを変えて反対側に走り、パスミートからのトリプルスレットをくり返します。

この動作はバスケットの"基本中の基本"なので、しっかり覚えましょう。

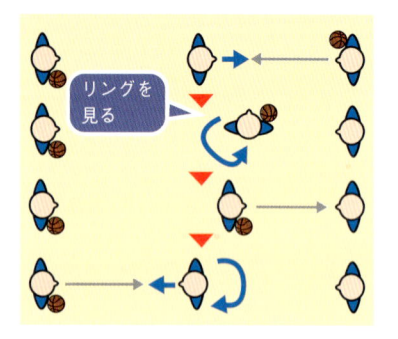

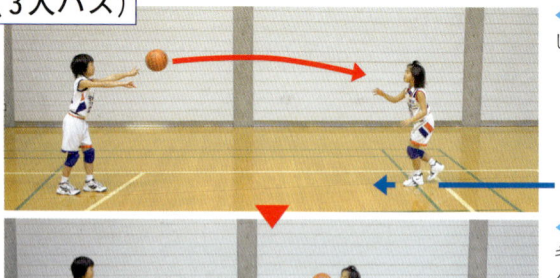

▶サイドからパスを出します

▶中央の選手はミートキャッチしながらリングに向かいます。トリプルスレットからリングを見て、そのあとでピボットしてパスを返します

リングを見る

▶パスを返したら、リバースターンをして逆サイドに向かい、同じ動きをくり返します

リングを見る

Another variation トライアングルパス

右ページのスクエアパスの"トライアングルバージョン"です。

ここでは、トライアングル（三角形）の頂点にいる人は"いったん背中を向け、リバースターン（フロントターン）をしてから走る"など、スクエアパスではできない動きを取り入れて行うと、動きのバリエーションを増やすことができます。また、パスも①チェスト、②バウンド、③アンダー、④ミートからノールック、⑤タップなど、いろいろ行いましょう。

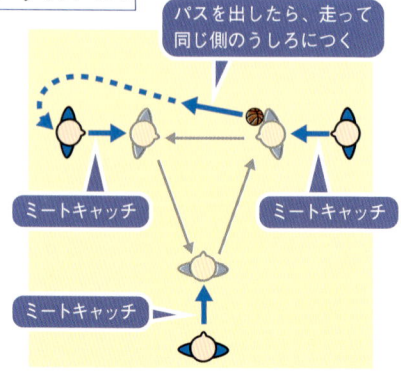

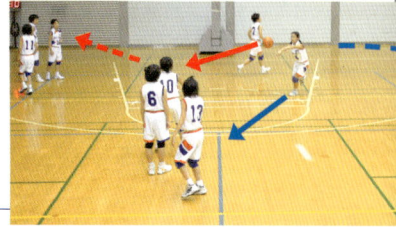

パスを出したら、走って同じ側のうしろにつく

ミートキャッチ

ミートキャッチ

ミートキャッチ

パスの練習

072 ▶ 073

練習のレベル ★〜★★★★★

LEVEL ★★★★ スクエアパス

チーム全員が四角形（＝スクエア）の頂点の位置に並び、図のように動きながらパス交換を行います。走りながらパスを受け、キャッチしたらすぐにパスを行うため、バスケットの基本であるパスラン（パスをしたらすぐに走ること）の意識を自然に身につけることができます。

また、頂点の位置からパスを出す人は、選手の動きを予測してパスを出すため、リードパスの練習にもなります。

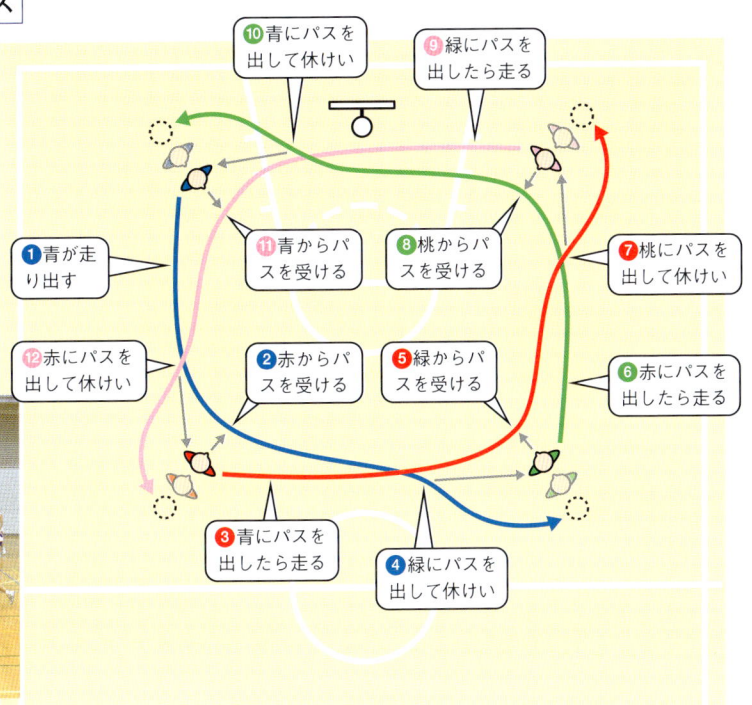

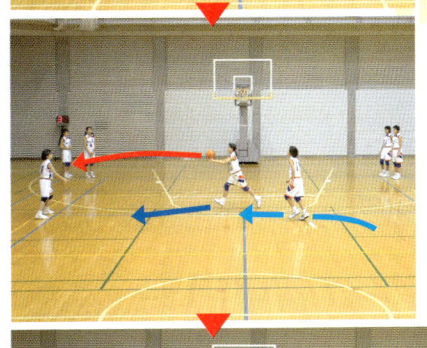

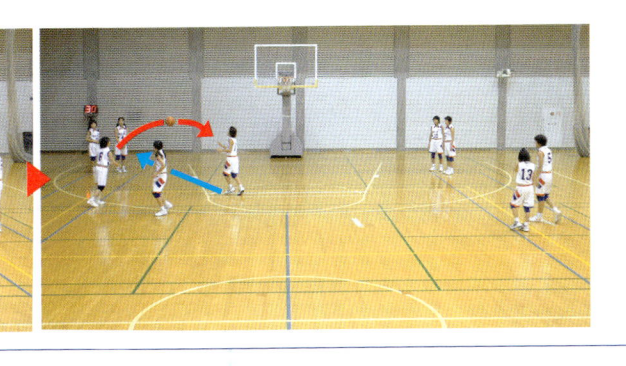

図中の吹き出し:
- ❶ 青が走り出す
- ❷ 赤からパスを受ける
- ❸ 青にパスを出したら走る
- ❹ 緑にパスを出して休けい
- ❺ 緑からパスを受ける
- ❻ 赤にパスを出したら走る
- ❼ 桃にパスを出して休けい
- ❽ 桃からパスを受ける
- ❾ 緑にパスを出したら走る
- ❿ 青にパスを出して休けい
- ⓫ 青からパスを受ける
- ⓬ 赤にパスを出して休けい

PART-TWO オフェンス技術を身につける

シュート

シュートは、チームの全員がうまくなる必要がある技術

練習を積んで、成功率を上げていこう

　もし、シュートがまったく入らない選手がいた場合、試合ではどうなるでしょう？
　当然、マークはその選手にはつかず、得点力のある選手に2人ピッタリとつくことになります。そうなれば勝つことは難しいでしょう。
　つまり、シュートは、チームのだれもが必ず覚えておかなければならない技術なのです。
　"覚えておかなければならない"といいましたが、シュートが入ればだれでもうれしいものです。これから紹介するシュート技術を学び、一所懸命練習をして、シュートの成功率をドンドン上げていきましょう。
　まずはその前に、いいシュートとは？　どうすればいいシュートが打てるようになるのか？　を学んでおきましょう。

"いいシュート"を打つにはチーム全体での準備が必要

　"いいシュート"とは、だれが見てもバランスのいいシュートです。
　例えば、ノーマーク（周囲に敵がいない状態）からのシュートや、敵がディフェンスする前に速攻でレイアップシュートというように「入って当たり前じゃないか」と思えるようなシュートこそが"いいシュート"といえるのです。
　では、いいシュートを打つために何が必要かといえば、021ページで紹介した"準備をする"ことです。ボールをもらう前から「どうやれば簡単なシュートが打てるか」または「自分がどう動けば味方がフリーになるか」などを考えながら動くのです。
　このように、いいシュートは、ボールをもらう前から作り上げていくものです。チーム全体が"いいシュートを打つ"ことを考えて動き、うまくいったときにはチーム全員で喜び合う——そんな考えの元にチームがまとまれば、必ず強くなれます。

シュート技術を学ぶのは、どんな状況からでも入れるため

　簡単に入るシュートがいいシュートといっても、毎回そんなシュートを打てるわけではありません。試合は相手も本気ですから、厳しい状況からシュ

シュートについて

ートを打つことも多いでしょう。そういうときに、シュート技術が役に立つのです。

相手が目の前にいて強烈なプレッシャーをかけてきても、練習と同じように入れる。ゴール下で背の高い選手にチェックされても、フェイダウェイ（うしろにジャンプしながらのシュート）で入れる。レイアップをブロックされそうだったが、クラッチ（右から左に持ち替えるなど、空中でディフェンスを交わしてシュートを打つこと）で入れるなどのシュート技術をみがいていけば、どんな状況でもすぐに対応し、シュートを入れることができるようになります。

ただし、本書では、レイアップ、バックシュート、セットシュート、ジャンプシュートまでしか紹介していません。

最初は、シュート技術の正しい形を覚えましょう。そして、何十回、何百回とくり返し、すばやく動いても正しい形でシュートを打てるようにします。そうすれば、シュートの精度も次第に高まり、何より、空中でカラダのバランスがとれるようになります。

フェイダウェイやクラッチなどの派手な技術は、空中でのバランスが重要なものばかりです。むずかしいと思うかもしれませんが、ここで紹介する基本のシュートをしっかりと身につけておけば、あとはNBAなどを見てそのプレーをマネすれば、なんとなくできるようになってくるものです。

シュートに限らず、どんな技術でも"基本の上に応用がある"のです。基礎をしっかり行いながら、たまには遊び感覚でむずかしいことにも挑戦する。そんな感じでシュート練習を楽しんでください。

レイアップシュート

バックシュート

セットシュート

ジャンプシュート

PART-TWO オフェンス技術を身につける

シュート

レイアップシュートは、利き手・非利き手両方で打てるように

ゴール間近から打つため、成功率は高い

　レイアップシュートは、ゴール下に走りこみながら打つときにもっとも有効なシュート技術です。ゴールの間近で打つため成功率が高く、よく使うので「ノーマークならほぼ100％決められる」というくらいになっておきましょう。

　また、利き手だけでなく必ず左右両方の手で打てるようになってください。レイアップは右から走ってきたときは右手で、左から走ってきたときは左手で打たないと、カットされやすくなります。覚え始めのころから右手と左手、両方で練習していきましょう。

■レイアップシュート■

1 1歩目
2 2歩目でジャンプ
3
4
5

① ボールを手で持って1歩目
② 2歩目を踏み込んだらジャンプ
　飛んだときに、1歩目の太ももを上げるようにすると、きれいに飛ぶことができます
③ 前方にジャンプしているので、力を入れて前に投げる必要はありません。飛んだときの進む力を利用して、軽く"置いてくる"気持ちで投げましょう
④ ねらう場所はボードの角です。リングよりも、ここをねらったほうが成功率は確実に上がります

レイアップシュート

Use Point ～使いどころ～
走りながら打てる

ジャンプシュートやセットシュートなどは一度止まらないと打てませんが、レイアップシュートは走りながら打てるというメリットがあります。また、成功率も高いので、速攻でのフィニッシュやドリブルでのカットイン（ゴール近くにすばやく進んでいくこと）で、敵にブロックされるおそれがない場合は、レイアップシュートでゴールを奪っていきましょう

Coach's EYE 見せて教える

動きのポイントを言葉で説明することも重要ですが、口ですべてを伝えることはできません。

何より、子どもというのは、全体をイメージとしてとらえて、それを自分のカラダで表現する"フィードバック"にすぐれているので、全体像を見せるようにすることは、非常に有効な手段となります。

実際に「右足、左足でトントンと踏み切ってシュートをするんだよ」と教えるよりも、自分で「こうやるんだよ」と示したほうが、すぐに理解してくれるものです。

バスケットの経験のない指導者もいるでしょうが、そういうときはNBAなどのビデオを一緒に見るのもいいでしょう。

PART-TWO オフェンス技術を身につける

シュート

バックシュートは見た目もかっこよく、試合でも大きな武器になる

むずかしい技術だが、試合ではよく使われる

ゴール下を通り過ぎてからレイアップと同じように打つバックシュート。レイアップより格段にむずかしいので、最初はなかなかうまくいかないかもしれません。

しかし、試合では、パスのタイミングやディフェンスの対応などによって、レイアップよりも打ちやすいという状況がかなり多くできてきます。

つまり、覚えておかないと、シュートチャンスが減ってしまうのです。せっかく試合に出ているのに、自分の活躍する機会を減らしてしまうのはもったいないことです。

それに、バックシュートは見た目にも美しいので、ミニバスの魅力の1つである、動きのかっこよさを実現するためにも、できるまでがんばってみましょう。

■バックシュート■

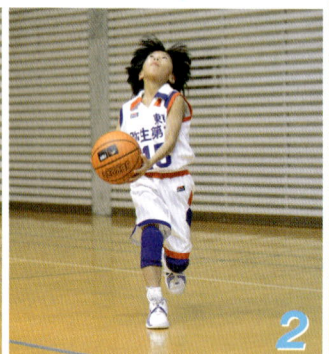

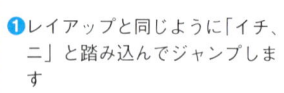

1　2　3

❶レイアップと同じように「イチ、ニ」と踏み込んでジャンプします
❷走っているときの目線は、つねにゴールに向けること。写真のように、真上からゴールを見るようにしましょう
❸レイアップと違い、ゴールから離れながら打つのでやや強めに
❹ねらう場所は、レイアップと同じくボードの角です

1　2　3　4

バックシュート
078 ▶ 079

■Use Point ～使いどころ～
成功率の高い、レイアップ優先で

どんなにバックがうまくなっても、成功率は確実にレイアップのほうが高いのですから、レイアップが打てるような状況なら必ずレイアップを打ってください。

バックシュートは、味方のパスが遅れて、2歩踏み切ったらゴールを超えてしまうようなときや「ディフェンスを抜いたけどゴールの真下だった」など、バックシュートしか打てないタイミングでのみ使うようにしましょう。

ゴールをよく見ること

バックシュートを打つときの走るコースは、いったんボードの奥に行き、そこからゴールに向かうようにしましょう

■Check Point ジャンプが原因で入らないことが多い

バックシュートはゴールから遠ざかりながら打つため、レイアップと同じような感覚で飛ぶと、相当な力で投げなくては届かなくなってしまいます。実際に、バックシュートがなかなか入らない人の多くは、そのようなジャンプをしています。

レイアップのジャンプは、ゴールに向かっていくジャンプです。バックシュートもレイアップと同じような動きでシュートするのですから、ジャンプも"ゴールに向かうような"気持ちで飛べばいいのです。「イチ、ニ」と踏み切ったときに目線をゴールに向け、そのままゴール方向に飛ぶような気持ちでやってみましょう。こうすれば、自然にブレーキがかかるので、一気に入りやすくなると思います

シュート

LEVEL-UP TRAINING
シュートがよりうまくなるためのレベルアップトレーニング①

LEVEL ★☆☆☆☆　ランニングシュート

中央に人を置き、その人にパスを出してから走り、リターンパス（パスを出した相手からすぐにパスをもらうこと）をもらってレイアップシュートをします。

レイアップの基本的な練習法なので、「イチ、ニ」で飛ぶバスケットのリズムやシュートのリズムをカラダに呼び起こすために、チーム練習の始めに毎回組み込んでおきましょう。

1　パスは、しっかり1歩踏み込んで出します。そして、出した足が同時に"走り出す1歩目"になるようにしてください

2　パスをもらったら「イチ、ニ」でシュートを打ちます

3

4

▲リターンをもらうタイミングは、自分で「ハイ！」と声を出して伝えましょう。ランニングシュート自体は単調なリズムなので、声を出さなくてもタイミングを合わせることは難しくありませんが、ここで"声を出すクセ"をつけておきましょう

Coach's EYE　必ず左右両方とも行う

レイアップシュートもバックシュートも、必ず左右両方、練習を行ってください。
このとき、例えば左から走ってきたのに右手で打っている選手がいたら、しっかりと左手で打つように指導してください。

練習のレベル ★〜★★★★★

シュートの練習❶
080▶081

Another variation ランニングシュート＆リードパス

　ランニングシュートをしたあと、打った人はすぐにサイドに走りこみ、パスを出した人はリバウンドを取って、再びサイドにパスを出します。パスを出したら前方に走り、それを受けたほうは走るスピードを計算して、ショルダーパスかロングチェストパスでリードパスを出します。このように練習すれば、シュートとパスの両方を効率よく身につけることができます。

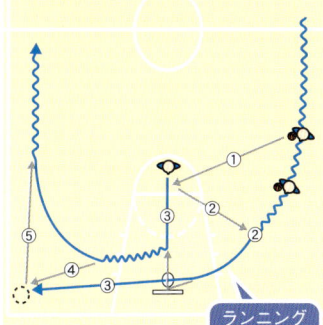

1 シュートしたらサイドへ
2 もう1人がリバウンドキャッチ
3 サイドにパス
4
5 サイドからリードパス

ランニングシュート

ランニングシュート

Another variation トライアングルシュート

　072ページで紹介したトライアングルパスを、ゴール下を通過するように三角形を作ることで、レイアップシュートやバックシュートの練習もいっしょに行うことができます。

　練習できる時間は限られています。ランニングシュート＆リードパスやこのトライアングルシュートのように、既存の練習にアイディアを組み込んで、効率的な練習を工夫しましょう。

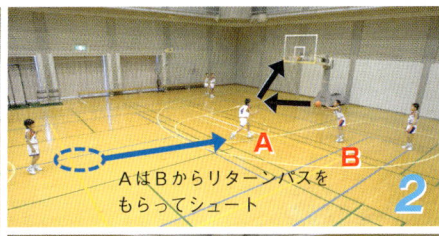

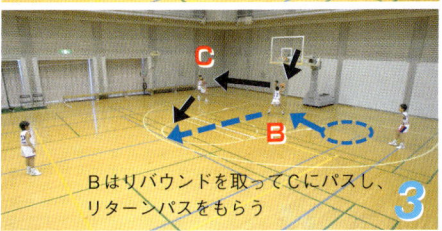

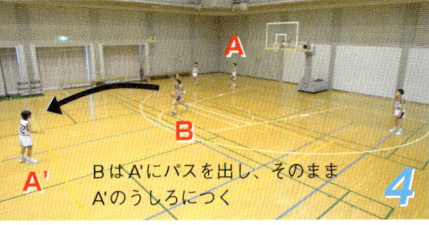

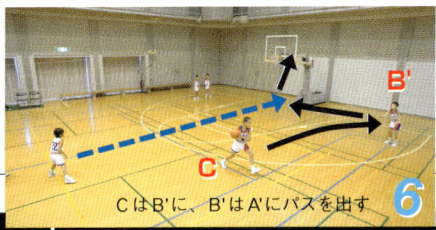

1 AはBにパスを出し、ゴールに向かって走る
2 AはBからリターンパスをもらってシュート
3 BはリバウンドをとってCにパスし、リターンパスをもらう
4 BはA'にパスを出し、そのままA'のうしろにつく
5 A'はBのうしろからついてきたCにパスし、ゴールに向かって走る
6 CはB'に、B'はA'にパスを出す

シュート

PART-TWO オフェンス技術を身につける

止まって打つ、基本のセットシュートでは、まず"届く"ことが大事

最初はツーハンドから覚えていく

　止まって打つ、基本中の基本のシュート技術が、ここで紹介するセットシュートです。

　セットシュートには、片手で打つワンハンドシュートと両手で打つツーハンドシュートがあります。ミニバス世代のみなさんは、まだ腕の筋力が十分でないうえに、カラダに対してボールが大きいため、ワンハンドではゴールに届かなかったり、方向が定まらなかったりすることが多いと思います。

　そこで、最初はツーハンドから覚えていくといいでしょう。もちろん、力があって、かなり遠くてもボールが届くようなら、最初からワンハンドでもかまいません。そこは自分の判断で、どちらを覚えるか決めてください。

■ツーハンドシュート■

1 最初にグッとひざを曲げ、足に力を入れます

2 足に入れた力を、ひざ→腰→カラダ→腕と、次第に上に伝わらせていくようなイメージでカラダをまっすぐにしていきます

3 シュートを打ちます。打ち方はチェストパスと同じです。たとえるなら、ゴールは味方の胸元で、そこにゆるやかな曲線を描いてパスを出すと思ってください

| → 味方の動き | → 相手の動き | → ボールの動き |

セットシュート
082 ▶ 083

■ワンハンドシュート■

Use Point ～使いどころ～
どこでも使える、いつでも打てる

　セットシュートに、特別な"使いどころ"はありません。あえて言うなら「シュートが打てる」と思ったときが使いどきです。
　ただし、自分のシュートエリアは、練習でしっかりと覚えておきましょう。フリーシュート（087ページ参照）などで「どれくらいの距離なら入るか」を試しておいて、試合では、シュートエリア内でなおかつ「打てる」と思ったときに使います。
　シュートエリアを決める基準は"ノーマークで打ったときに10本中7本入るかどうか"です。だいたい7本は入るようなら、そこは自分のエリアと認めていいでしょう

◀ 最初に踏み込み、ひざから腕へと力を上に伝わらせていくまでは、ツーハンドと同じです
　このときも、ボールは手のひらで持たないようにしましょう。もう片方の手は軽くそえるだけです
　ひじが外に向きすぎないよう、脇を軽くしめて、腕は垂直に近い状態を保ちましょう
　最後は、手首のスナップでボールに回転を与えます
　キレイに打てたときは、シュートのあと、人差し指と中指がリング方向を向いています

Coach's EYE　ボールを構える位置

　大人がセットシュートを打つときは目線より上、おでこのあたりに構えますが、小学生が同じように構えても、届かないことが多いと思います。
　筋力がまだ弱い子どもには、胸元あたりで構えさせるといいでしょう。これなら、力がなくても台形から1歩外くらいの距離でも、カラダをしっかり使って打てば届くと思いますし、ボールの上側とゴールの両方が視線に入るようにして投げれば、精度も高まります。
　また、ワンハンド、ツーハンドに関しても、頑なにどちらか一方だけ教えるのではなく、選手の成長度合いによって変えたり、ワンハンドでシュートを打ちたいと思った子には教えるなど、臨機応変に対応していきましょう。
　基本的に、ゴールに近い場所なら、高さがある分、ワンハンドシュートのほうが有利ですが、アウトサイドシュートの場合は、ワンハンドもツーハンドもそれほど変わりはないと思います。

シュート

PART-TWO オフェンス技術を身につける

簡単そうに見えて、じつはむずかしいジャンプシュート

胸元あたりで力をタメてジャンプの頂点でポンと離す

セットシュートとジャンプシュートは、動作はとても似ていますが、中身は違います。

セットシュートは、軽くひざを曲げてから伸ばしていく勢いをそのまま利用して打ちますが、ジャンプシュートの場合は、ひざを曲げてから伸ばしていくまでは同じですが、ジャンプ中に胸元あたりで力を"タメ"、ボールを頭の上に引きつけてから投げます。

その"タメ"の感覚は、言葉では説明できませんが、ジャンプシュートの場合、タメが入るために、セットシュートよりも力が必要になってしまうのです。

ミニバスをしている人の中でも、キレイなジャンプシュートが打てるのはチームに1人か2人程度です。ただし、ゴール前なら筋力が弱い人でもジャンプシュートで届きますし、シュートの幅が広がります。今はゴール前しか入らない人でも、そのうち自然に飛距離も伸びていくので、興味をもって練習してみましょう。

Check Point　最初は飛びながらシュート

"飛びながらシュートの動作を行い、頂点でボールを離す"のがジャンプシュートですが、最初はボールを離すタイミングがわからず、ジャンプの降りぎわにボールを離してしまうケースも多く見られます。

そうならないように、最初はジャンプの上昇中にボールを離すようにしてください。「足がコートから離れたらすぐにシュート」という感じで行えば、セットシュートと同じように上昇する力を利用できるので、あまり違いを感じずに投げられると思います。

大切なのは、ジャンプシュートもセットシュートも、ひざを曲げてから全身を使って投げるということです。「ジャンプシュートのほうがセットシュートより腕の力を使う」という人は、ジャンプシュートがまだうまくできていません。その感覚を目安にして、ジャンプシュートをマスターしていきましょう。

MINI-BASKETBALL CLINIC for all players & coaches

ジャンプシュート
084 ▶ 085

■ワンハンドシュート■

1 飛ぶまでの動作はセットシュートと同じです

2

3 力をタメる / ジャンプしたらちょっとタメて頂点でボールを離します

4 ポンと打つ

5 ボールの投げ方もセットシュートとまったく同じです

Coach's EYE 教える、教えない

　ジャンプシュートができれば、チームとして大きな武器になることは間違いありません。セットシュートと比べて打点が40cmは高くなるのですから、ゴール下での競り合いで大きな力を発揮することでしょう。

　ですが、ドリブルやパス、レイアップシュートとは違い、ジャンプシュートはどんなに教えても筋力の弱い選手は覚えられない技術です。

　ですから、チーム練習の中でジャンプシュートを教える必要はないと思います。ただし、大人のバスケットを見て、勝手にジャンプシュートを覚えようとする選手もいると思います。そういうときは、ここで紹介している「最初はジャンプしながら打ってごらん」といったアドバイスをしてあげるといいでしょう。

LEVEL-UP TRAINING

シュート

シュートがよりうまくなるためのレベルアップトレーニング②

LEVEL ★★★★★ 7か所シューティング

　台形の7か所からシュートを打つ練習です。7か所すべての場所からシュートが入ったら終了します。

　1回も外さずに7か所すべてゴールを決めたら、指導者からプレゼントをもらうといった感じで、ゲーム感覚を取り入れた練習にしてもいいでしょう。

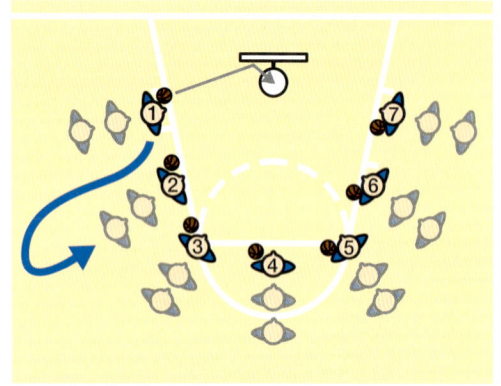

図中の①〜⑦に全員がボールを持って並び、①の場所から順番に打ちます。入ったら次の場所に移動して7か所すべての場所から入ったら終了です

Coach's EYE シュートの上達は個人で行うもの

　"セットシュートだけが上達する"という練習メニューはありません。ここで紹介しているメニューも、上達よりも楽しさを前面に押し出した練習法です。

　セットシュートやジャンプシュートは、何百本、何千本、何万本とシュートをくり返して上達していくものなので、チーム練習でセットシュートだけを練習するのは非効率なのです。

　選手が「シュートがうまくなりたい」と意欲を見せたときは、早めに体育館に来て1人で練習したり、校庭のゴールを使ったりするなど、チーム練習以外の場所で行うようにすすめてあげるといいでしょう。

シュートの練習❷

練習のレベル ★〜★★★★★

Another variation　フリーシュート練習

　ただそれぞれが好きな場所からシュートを打つ練習です。練習メニューとは言いがたいですが、選手にとっては楽しいものです。ちょっと時間が空いたときや、休憩前にもう1つ何かしておきたいなと思ったときに行って、シュート感覚をにぶらせないようにします。

　ただし、届きもしないのに遠くからシュートを打ってばかりでは、練習になりません。近い場所から始めて次第に遠い場所に移動していくことで、自分のシュートエリアをつかんでおきましょう。

LEVEL ★★★★★　シュート＆フォロー

　シュートした人がリバウンドを取り、もう1人は打ちたい場所に移動。リバウンドを取ったら、すぐにパスを出してシュート。これをくり返します。シュートは同じ場所だけでなく、いろいろな場所から打つように心がけましょう。

　パスも、バウンドパスやワンハンドサイドパス、アンダーハンドパスなどいろいろ行うと、より効果的な練習になります。

　シュートを打ってもリバウンドを取りに行かず、ボールを見続けてしまうことが多い選手は、意識してこの練習を行いましょう。"シュートしたらすぐリバウンドを取りに行く"いいクセが身につきます。

▲シュートを打ったら、すぐにリバウンドを取りに行きましょう。ダラダラ行くと、パスを待っている人に迷惑がかかってしまいます。リバウンドを取ったらすぐにパスを出します。パスをもらう人も立ち止まって待つのではなく、動きながらもらって、ストップ→シュートなど、いろいろなパターンでシュートを打ったほうが楽しく練習できます

LEVEL-UP TRAINING
シュートがよりうまくなるためのレベルアップトレーニング②

Another variation シュート&フォロー 〜3人バージョン〜

　3人でもシュート&フォローの練習を行うことができます。そのときはパサー（パスをする人）を加えて、同じようにシュートを打った人がリバウンドを取りに行き、リバウンダー→パサー→シューターとボールを回していきます。次はリバウンダーがパサーに、パサーがシューターになる、というようにローテーションさせていきます。

Coach's EYE 時間効率

　この練習は、1つのゴールに対して2〜3人しか参加できず、1回シュートを打ったら交代、というものではないため、時間効率はあまりよくありません。ですから、チーム練習に取り入れるなら人数が少ないときにやるといいでしょう。

　ただし、友だちといっしょに校庭のゴールや街中にあるゴールでシュートを練習している選手も多いでしょう。

　そういうときに、この練習は最適です。チーム練習に取り入れなくても「こういう練習もあるんだよ」と、状況を見計らって教えてあげるといいでしょう。

LEVEL ★★☆☆☆ 対角シュート

　パスをもらってからシュートに行くリズムを養う練習です。ここでは、ミート後の動きを"その場でシュート""カットインしてシュート""ワンドリで軸をずらしてシュート"と3パターン用意しています。これによって、ボールをもらってからシュートに行くまでの選択肢（パターン）が増え、試合で同じ状況になったときに、スムーズにこの動きが行えるようになります。

> フリースローラインに走りこんで、パスをもらいます

練習のレベル ★〜★★★★★

シュートの練習❷
088 ▶ 089

❶ その場でシュート

ボールをもらうと同時にゴールを向きながら、ストップ→シュート

❷ カットインしてシュート

しっかりミートしてから、ドリブルをしてレイアップシュート

❸ 軸をずらしてシュート

同じくしっかりミートして、1回だけドリブルして真横に移動しシュート

Check Point　ディフェンス役は大人

"カットインしてシュート"と"軸をずらしてシュート"の練習には、ディフェンス役が必要です。カットインなら抜かせたい方向をやや空けておくように立ち、軸をずらしてシュートのときは近めに立ちます。

ただし、このディフェンス役はただ突っ立てるだけでもかまわないので、この役目は選手ではなく、指導者やバスケットを知っている親に参加してもらいましょう。

Another variation　無限のバリエーション

ここではトップ（ゴールの真正面）で行いましたが、この手の練習は、サイドから行ったり、斜めから行ったり、いろいろな場所で行うことができます。

また、チームの特色によって、ボールをもらってからのパターンも変えなければなりません。背の高い選手が多いチームならゴール下での勝負も多くなるので、ゴール下でのパターンを練習したほうがいいでしょう。このように、チームの特色に応じて、いろいろなパターンを作っていきましょう。

ドリブル

PART-TWO オフェンス技術を身につける

ドリブルの技術は、ミニバス時代にいちばんうまくなる

うまくなればなるほどドリブルは楽しくなる

　右から抜くと見せかけて、ディフェンスが自分の動きにつられたら、足の間にボールを通して左側から一気に抜き、そのままレイアップシュート！
　ドリブルがうまくなればなるほど、こんなハデな動きで相手を振り回して一気に抜き去り、チャンスを生み出すことができるようになります。
　また、ハデに抜き去らなくても、前のページで紹介した"ドリブルで軸をずらしてシュート"のように、正面に敵がいて何もできないときでも、1回ドリブルをするだけでシュートが打ちやすくなったり、パスを出しやすくなったりと、状況を自分で変えることができます。
　つまり、ドリブルとは状況を変え、チャンスを広げることができる技術なのです。

無意味なドリブルは、チャンスをつぶす

シュートが打てるような状況ならすぐに打ったほうがいいですし、味方がフリーになっているならパスをしたほうが絶対にチャンスは広がります。しかし、シュートが打てるタイミング、パスができるタイミングは一瞬しかありません。そのため、わずか1回のドリブルをしている時間でこのタイミングが消えてしまう可能性もあるのです。

このように、ドリブルは"毒"にも"薬"にもなる技術です。

では"毒"にならないドリブルをするにはどうすればいいか？ それにはまず、ボールをもらうときにしっかりとミートをすることが大切です。それができていないと"ボールをもらったらとりあえずドリブルする"という悪いクセがついてしまいます。このような無意味なドリブルは、チャンスをつぶすことはあっても、広げることはありません。

また、とくに5対5など実戦形式の練習を行うときに、明確な目的を決めてドリブルをすることです。"抜くため""ディフェンスとの距離を置くため"というように、考えてドリブルをすることを練習中からやっておけば、試合では自然に正しい判断を行えるようになっていきます。

ドリブルは、小学生がもっとも伸びる

小学生と大人に同じ技術を教えようとしたとき、ほとんどの技術は小学生のほうが早く覚えることができます。中でもドリブルは、小学生のほうが圧倒的に身につけるのが早い技術です。

044ページでも紹介したとおり、技術というのは"道具"ですから、持っておいて損はありません。これから、いろいろなドリブル技術を紹介していくので、ドンドン覚えていきましょう。

PART-TWO オフェンス技術を身につける

ドリブル

ドリブルがうまくなるには、3つの基本を守って練習しよう

ドリブルの基本①
始めはつまむようにドリブル

ドリブルは、指先を使ってボールをつくものですが、初心者の多くは、手のひらでついてしまいます。そこで、まずは"指先を使ってボールをつくこと"から覚えていきましょう。

しかし"指先を使ってつく"と聞いても、なかなかピンとこないかもしれないですね。

では"ボールをつまんで"みてください。いかがでしょうか。自然に指でボールを押し出すようになっていると思います。これで"指先でボールをつく"感覚を覚えることができます。

ドリブルには"基本の姿勢"などいろいろ覚えることがありますが、まずは指でボールをつけるようになってから、次のステップに移りましょう。

■Check Point ■ 指先でボールをつく

つまむ動作を行うと、自然に指でボールを押し出すため、ドリブルの基本中の基本"指先を使ってつく"ことができるようになります

1　*2*　*3*

「できるようになったかな」と思えるようになったら、今度は強くついてみましょう。今はまだ、ボールを見ながらついてもかまいません。強くボールをつくと自然に手首を使うことになります。この手首を使ったドリブルが何度もできるようになれば、ドリブルの第1段階は終了です

ドリブルの基本②
ボールを見ずにドリブル

指先でボールをつまむように、手首を使って強くドリブルできるようになったら、少しステップアップしてみましょう。

といっても"腰を落とす"と"前を向く"——することは、この2つだけです。

まずは、腰を落としてみてください。おそらく、上半身が立ったままよりもこのほうが、手から床までが近くなるので、ボールが自分の思ったところに戻ってきやすくなるはずです。

次は、前を向き、ボールを見ないでドリブルしてみましょう。最初のうちはむずかしく感じるかもしれませんが、何度かくり返していくうちにドリブルできる回数がだんだん増えていくので安心してください。

■ Check Point ■ ドリブルの基本姿勢

- 顔は前を向きましょう
- 手のひらにつけないように指先でドリブルします
- ドリブルはカラダの横で行いましょう
- 相手をブロックするため、前に出しておきましょう
- 上半身が立った状態よりも、この姿勢のほうがラクにドリブルできるはずです
- 一方の足を前に出して、軽く両足のひざを曲げましょう

▲ドリブルは左右両方の手でできなければ意味がありません。そこで、ドリブルを覚え始めたときから利き手ではないほうの手でもドリブルをするようにしてください

Coach's EYE 子どもには、詳細な説明は必要ない

子どもは大人と違ってバランス感覚に優れているため、はじめからくわしく説明する必要はありません。このページに書いてあることを選手に説明するときは、自分で示しながら「こうやってつまむようにやってごらん」と伝えてみてください。これだけで、指先で押し出すドリブルができるようになります。

残りも同様に、自分で動きを示しながら、もっとも大事なポイント"軽くひざを曲げて""前を向いてボールを見ない""左手でも同じようにやってみて"を伝えておけば、あとは練習を積み重ねることによって、徐々に"背すじを伸ばして腰を落とす"という、きれいな姿勢ができあがるでしょう。

PART-TWO オフェンス技術を身につける
ドリブルがうまくなるには、3つの基本を守って練習しよう

ドリブルの基本③
いろいろな動きで指に目をつける

ボールを見なくても、1～2分続けてドリブルができるようになったら、今度はいろいろな動きをしてみましょう。ここで紹介する動きをやっていくと、だんだん「ボールをこうついたら、こう返ってくる」ということが感覚的にわかるようになってきます。

それがわかることこそが"指に目をつける"ということなのです。

指に目がつけば、どこにボールをついても、手が自然にボールのはね返ってくる場所に移動できるようになります。

立ち止まった状態でひと通りできるようになったら、歩きながら、走りながら、試してみてください。むずかしくても、だんだん楽しくなってくると思います。

また、ドリブルは028ページで紹介しているボールハンドリングを行うことでも上達していきます。今すぐにでもドリブルがうまくなりたいと思う人は、体育館や校庭などではドリブルを、家に帰ってからはボールハンドリングをしていきましょう！

SKILL UP いろいろなドリブル

1 前後にドリブル

手首を使って、前からうしろにドリブル、うしろから前にドリブルをします。腕だけでなく、カラダも前後に揺らしながら行うとドリブルがしやすくなります

2 左右にドリブル

カラダの前で右から左、左から右とドリブルをします。これも、カラダを左右に揺らしながらやってみましょう

3 交互にドリブル

右手、左手と交互にドリブルをします。同じように、カラダも左右に揺らしてみましょう

ドリブルの基本

→ ボールの動き　→ カラダ・腕の動き

4 高く、低くドリブル

ボーン、ボーン、ボボンとリズミカルに、高いドリブルと低いドリブルを織り交ぜます。また、これまでの①〜③も低い位置や高い位置、いろいろなパターンで行ってみましょう

5 ボール2つでドリブル

ボールを2つ使える人は、左右両手にボールを持ち、同時にドリブルを行ってみましょう

6 ボール2つで交互にドリブル

右手と左手のタイミングを変えてドリブルしてみましょう。ボールに意識を集中させると逆にできなくなってしまいます。リズムだけで行うのがポイントです

7 高低差をつけてドリブル

一方を低く、もう一方を高くしてドリブルします。左右のリズムが異なるので、よりむずかしくなりますが、ここまでできれば、ボールの感覚はかなり染みついてきたといえるでしょう

■Check Point■
手首でボールを迎えにいき、絶対にボールを見ない!

いろいろなドリブルをするときに大切なのは、ボールが来る方向に指先を向けておくことです。そのために大事になるのが手首。しっかりと手首を曲げて、ボールの方向に指を向けるようにしましょう。

そして、どんなドリブルをしているときも、必ず顔は前を向いてください。ボールを見てミスをしないことよりも、ボールを見ずにミスするほうがはるかによいのです。

覚えはじめのころから、ボールを見ないでドリブルすることは徹底して身につけましょう

LEVEL-UP TRAINING

ドリブル

ドリブルがよりうまくなるためのレベルアップトレーニング①

LEVEL ★★★★★　フェイスアップドリル

　ドリブル中に前を向くクセをつけるための練習です。
　1人が前に立って、指を使って数字を示し、選手はそれを読み上げながらドリブルをします。指を見ていなくてはならないため、ボールを見ながらドリブルすることはできません。

　ドリブルの基本を学ぶのに効果的な練習なので、チームのレベルがまだ低いときから毎回の練習に取り入れるといいでしょう。

指で数を示すのは大人が行います。示したと同時に、選手は数字を読み上げます。選手が読んだら、次の数字を示す。慣れてくると、パッ、パッと数字を出しても対応できるようになります

LEVEL ★★★★★　ドリブルシュート

　センターラインあたりからドリブルを始めて、レイアップシュートをします。どちらかといえばシュート練習に入るかもしれませんが、シュートを打つためにボールを持ってトン、トンと2歩踏み込む感覚は、シュートだけでなく、ドリブル後のアクションすべてに必要なリズムです。しっかり身につけておけば、大事な場面でトラベリングを行ってしまう失敗はありません。

▼数回ドリブルをしてボールを持ち、タン、タンと踏み切ってシュート。ゆっくりでは意味がないので、できるだけ速く動くようにしましょう

ドリブルで運び　　1歩目　　2歩目で踏み切る

練習のレベル ★〜★★★★★

ドリブルの練習
096▶097

LEVEL ★★★★★ 鬼ごっこ

　ふつうの鬼ごっこです。
　ボールを使わないので、一見、ドリブルとは無関係のように思えますが、10人くらいの人数で範囲を3ポイントのライン内だけにして、狭めた状態で鬼ごっこをすると、低い重心位置からフェイクをして鬼をかわすなど、バスケットの動きがよく使われることになります。
　鬼の動きを確認しながら自分の動きを決定し、つかまらないようにすばやく動くため、オフェンスでもっとも大切な"相手を上手にあざむくための手段"を自らが考え、身につけることができます。
　レクリエーションの要素も強いので、単調な練習やつらい練習の合間にこのような練習を行えば、選手たちのモチベーションが上がります。

▲鬼ごっこについて説明する必要はないので、3ポイントラインを指し「この線からみんな出ないように鬼ごっこしましょう」と言うだけの説明で始められるのも魅力

Coach's EYE 練習メニューの作成は、子どもたちの心も考えて

　ミニバスの練習には、このようにレクリエーション的なものもあれば、単調でおもしろくないものもあります。おもしろい練習ばかり行うと、マジメに取り組まなくなってしまいますし、つまらない練習ばかりでは選手たちがついてこられません。
　小学校低学年の小さい子どもに教えるなら、まずはおもしろい練習を中心としたメニューから。高学年でミニバス本来の楽しさがすでにわかっている子どもには、たまにおもしろい練習を含めるといった感じで、技術上のバリエーションだけでなく、子どもたちのやる気や集中力といった"心"も考えて練習メニューを作成していくようにしましょう。

PART-TWO オフェンス技術を身につける

ドリブル

ドリブルをしながら相手を抜き去る技術① 〜ステップ

相手を抜くステップはピボットの進化型

ここからしばらくは、相手を抜くための技術を紹介していきます。

ただ"相手を抜く"といっても、走りながらの速いドリブルで抜くこともあれば、止まった状態から相手のスキをついて抜くこともあり、さまざまです。

そのときの状況によって使う技術も変わってきますが、まずは、多くの状況で利用できる、ボールをもらってから1歩目で抜くための"ステップ"を紹介します。

ボールをもらって1歩踏み出しながら、ドリブルを開始する。いわば40ページで紹介したピボットの進化型がステップです。

そして、ステップを成功させやすくするフェイクの方法も続いて紹介します。ステップやフェイクはドリブルに限らず、オフェンスのあらゆるところで活用することができるので、しっかりと身につけておきましょう！

■クロスステップで抜く■

▼左足なら右斜め前、右足なら左斜め前と、足を文字通りクロスさせるステップです。このステップで抜きにかかると、ボールと相手の間にガッチリとカラダが入るので、足を踏み出すと同時に肩を相手のカラダの側面に入れられれば、安全に相手を抜くことができます

> 足を踏み出すときは、一直線にすばやく行うこと。相手も抜かせないようにディフェンスしてくるので、すばやくできなければ抜けません

> 踏み出すと同時に腰を落として体勢を低くし、相手のカラダの側面に肩を入れていきます

1 **2** **3**

■そのまま抜く■

▶たとえば右側から抜くときに、そのまま右足を前に出して抜く方法もあります。そのメリットは、クロスステップよりも足を踏み出す距離が短くなるので、動き出しが速くなることです。ただし、クロスステップのようにカラダを入れて抜くことができないので、相手に反応されてしまうとボールカットされる可能性もあります

> ボールをもらったときに相手がまだ自分のコース（ボールとゴールを結んだ直線内）に入りきっていない場合などに有効です

> 抜く方向と同じ側の足から踏み出していくので、クロスステップよりもすばやい動き出しができます

1 **2** **3**

ステップ 098▶099

Check Point
トラベリングに注意

ボールを持ってからステップで抜くときに、トラベリングを取られてしまう人が大勢います。

トラベリングを取られるタイミングは"1歩目の足（ピボットフット）が地面から離れた瞬間"です。

足が地面から離れているのにボールが手の内にあるとトラベリングになってしまうので、1歩目を踏み出しながらドリブルを始めるようなクセをしっかりと身につけておきましょう！

姿勢は自分でコントロールできる範囲でできるだけ低くし、足も大きく踏み出します。相手の腰に自分の肩がぶつかるくらいの気持ちで行うのが理想です

カラダの使い方はクロスステップと同様に、重心を低くして進んでいきましょう

ステップの足の運び

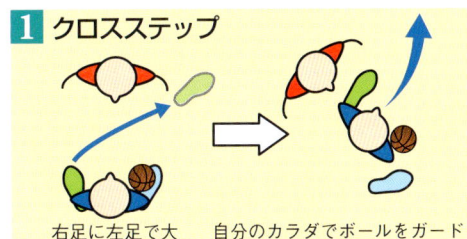

1 クロスステップ

右足に左足で大きく踏み出す　／　自分のカラダでボールをガードできるので安全に抜ける

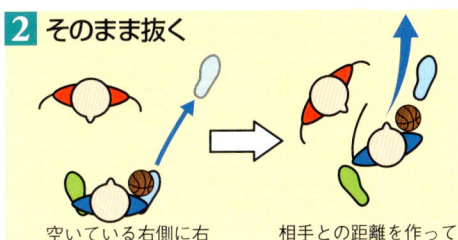

2 そのまま抜く

空いている右側に右足で大きく踏み出す　／　相手との距離を作ってそのまま抜き去る

SKILL UP　理想のステップ

そのまま抜くのは動き出しが速く、クロスステップは安全ですが、ステップで相手を抜くときの理想は、これらの両方を使うことです。

右から抜くなら、最初の1歩は右足から踏み出し、次の1歩は左のクロスステップで抜く。これはフェイクを入れてから行うときに効果的です。

右足は最初、左のクロスステップを踏むと見せかけて前に出す。そしてクロスステップ。この動きなら、相手が少しでも釣られれば、抜ける確率は一気に高まります。

両方のステップがスムーズにできるようになったら、この組み合わせのステップもやってみましょう

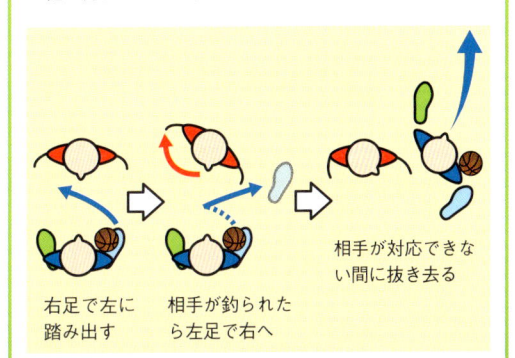

右足で左に踏み出す　／　相手が釣られたら左足で右へ　／　相手が対応できない間に抜き去る

PART-TWO オフェンス技術を身につける

ドリブル

ドリブルをしながら相手を抜き去る技術②
～フェイク

大切なのは目の演技。コート内では役者になろう！

　フェイクとは"○○と見せかけること"。この○○内には"シュート"や"右に行く"など、さまざまな語句が入りますが、つまりは"○○したふり"をすることがフェイクです。

　これに相手が釣られれば、うまく相手を抜くことができます。つまり、フェイクとは自分のプレーをより輝かせるために行うものと思ってもいいでしょう。ボールを持っているときだけでなく、持っていないときでも、カラダを移動させるときは必ずフェイクを織り交ぜて動くようにしましょう。

　ただし、フェイクのうまさは、ミニバスの技術というよりも"演技力"が重要になります。そこで、どのように演技をすれば相手がうまく釣られてくれるのか、そのコツを紹介します。

■ **左右のフェイク** ■

〈目〉
フェイクをするうえでもっとも重要なポイントです。「目は口ほどに物を言う」のことわざどおり、ただ型だけのフェイクをするときは、いかにも「フェイクですよ」という目になっています。フェイクをするときは「こっちに行くぞ！」という強い気持ちで行ってみましょう。すると、相手は目を見て「本当に来るぞ」と思い、釣られやすくなるのです

〈カラダ〉
目線だけでフェイクすることもできますが、基本的にフェイクは大きく動くことで、相手を釣りやすくなります。ただし、ふだんしないような大げさなアクションでは意味がありません。"途中まではいつもと同じように動くが、急に逆に動く"というのがフェイクの基本です

〈ボール〉
カラダだけでなく、ボールもいつもどおりに動かしましょう

〈足〉
左右に振るフェイクをするときに、足を踏み出すこともあると思いますが、実際にその方向に行くわけではないので、踏み出した足には体重をかけず、軸足にかけておきましょう。そうしないと、本当に行きたい方向へ動くときに、体重移動をしなければならず、すばやく動けません

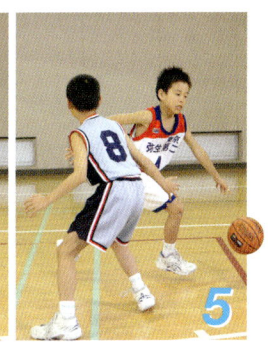

■シュートフェイク■

▼シュートフェイクも基本的には同じで、本気でシュートを打つ気持ちでフェイクを行えばいいのです。「シュートフェイクをしよう」という気持ちで行うと、ふだんのシュートフォームと違ってモーションが早くなったりするため、いいフェイクにはなりません。

セットシュートの途中まではまったく同じようにして、相手が近づいてきたら突然ドリブルに変化、来なければそのままシュート。これが理想のシュートフェイクです

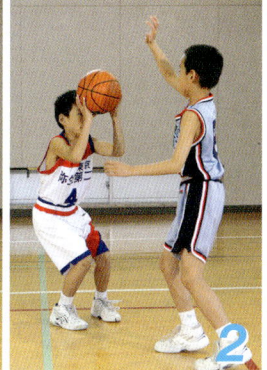

■Check Point■
相手のどこを見る？

相手がフェイクに釣られれば、自分の次の動きの効果は大きくなります。そのため、それを確認する作業も必要になります。

では、相手のどこを見ればいいのかというと、簡単にいえば"全体"です。しかし、全体を見るといってもなかなかできるものではありません。そこで、相手の胸元あたりに視線を置いて"見るともなく全体を見る"ようにしてみてください。下の写真のようなイメージで相手の全体を把握しましょう

PART-TWO オフェンス技術を身につける

ドリブル

ドリブルをしながら相手を抜き去る技術③ ～攻めのドリブル

攻めのドリブルで相手を揺さぶり、抜き去る

　ここでは、主に速攻中に使えるドリブル技術を紹介します。

　スピードドリブル（走りながらの速いドリブル）は、どうしてもカラダの制御がむずかしくなるため、技術を身につけていないと、一直線に進むことしかできません。

　これでは、相手が正面に来たら、止まってドリブルをするか、ドリブルを終えて無理にパスの相手を探さなくてはならなくなり、抜くという選択肢はなくなってしまいます。

　しかし、スピードドリブル中は、相手もそのスピードに対応しながらディフェンスをしているので、こちらからしかければ相手は釣られて姿勢をくずしやすく、抜くチャンスを作り出しやすいのです。

　ここで紹介するのは、いわゆる"攻めの技術"です。こちらから先にしかけて相手を揺さぶり、抜き去る。まさにドリブルの醍醐味（だいご味）ともいえる動作です。

　とくにドリブルがうまくなりたい！と思う人は「これならだれにも負けないぞ」と思えるくらいに技術を磨いていきましょう。

■ハーキーステップ■

▶やり方はとても簡単。左右に細かくステップを踏むだけです。ドリブルで進んでいる途中で相手が目の前に現れた場合、「抜こう」と思っても、一度止まると、足を踏み出すときに、相手にすぐ読まれてしまいます。

　抜く前にハーキーステップを入れておくと、左右どちらにも移動しやすくなるため、相手に動きを読まれにくくなります

Use Point ～使いどころ～
正面から来る相手に対して有効

　速攻などをしかけたときによくあるケースですが、こちらがスピードドリブルで進んでいて、相手が正面の方向から止めにきた場合に使います。

　ハーキーステップを使うことで、ディフェンスに揺さぶりをかけ、相手の腰が浮いたり、左右どちらかの足に重心が乗ったりしたときが抜くチャンスです

◀▲左右に細かくキュキュキュキュと足踏みをするだけです。足踏みの回数は、相手との距離などで臨機応変に変えていきましょう

　腰が浮くと動き出しに時間がかかってしまうので、ドリブルをしているときの腰の位置をキープすること

　ハーキー中は、しっかりと相手の動きを確認しましょう。練習を積み重ねていけば、抜きやすい相手の状態がわかってくるはずです

ハーキーステップ、ダックイン

Check Point ハーキーから抜く

ディフェンスが前方から向かってきたときにスピードドリブルしたままだと、クロスステップがむずかしくなるため抜きにくくなります。そこで、ハーキーを使って抜く準備をします。これを行うことで、相手のスピードをコントロールでき、さらには左右への動き出しも速くなります

ダックイン

▼ ボールマンは、2人のディフェンスを相手にしなければならない状況がよく起こります。そんなときに有効なのがこの技術です。

上半身を前に倒して、低い位置でドリブルをしながら2人のディフェンスの間を抜いていく。これが決まれば2人いっぺんに抜き去ることになるので、5対3の有利な状況になります。2人に囲まれれば当然ピンチですが、それを一気に大チャンスに変えられるこの技術を覚えておきましょう

- カラダの前でドリブルしながら上半身を倒していきます
- カラダは低くしても顔は正面を向けること
- 腕の力は使わず、手首だけでドリブルをします
- ドリブルは、低い位置で行いましょう

NG

▲ ダックイン中は真下を向きがちです。うまく抜き去れば5対3になりますが、下を向いていると状況判断ができないので、せっかくのチャンスを活かしきれません。

ドリブルは"ボールではなく前を見る"のが基本です。ダックイン中でもこの基本を忘れないようにしてください

Use Point 〜使いどころ〜 2人の相手から囲まれる寸前に

これがダックインの使いどころです。上半身を前に倒していて、まっすぐにしか進めないので、ディフェンスが正面にいるときは使えません。

ただ、使いどころが非常に限られている技術なので、練習のときはしっかりと相手ディフェンスをイメージしながら行い、試合でその状況になったら迷わずダックインができるようになっておきましょう

PART-TWO　オフェンス技術を身につける
ドリブルをしながら相手を抜き去る技術③〜攻めのドリブル

■インサイドアウト■

▼ドリブルとフェイクを合わせた技術です。ボールを一度内側（インサイド。右手でドリブルしているときは左側）に移動させると見せかけて、外側（アウトサイド）にドリブルします。

　この技術で大切なのは、内側に移動させたときに、カラダ（重心）も一緒に移動することです。「こっちに進むぞ！」ということを相手に大きくアピールできれば、その分だけ相手は体勢を大きく崩すので、直後に外側でボールをついたときの抜けるチャンスが広がります

> 手だけは、次のドリブルの準備をするため、ボールの横に移動させます

> ドリブルとともに体重を乗せ替えて、右足を出します

> 右手でドリブルをしている場合、左足を左前に出すとともに、カラダもそちらに移動します

> このとき、できれば顔もインサイドの方向に向けるとより効果的です

■Check Point■
ダブルドリブルに注意する

ボールが手の下に入ってしまうと、ボールを支え持ったことになり、次のドリブルをした時点でダブルドリブルを取られてしまいますので注意しましょう

NG

Use Point〜使いどころ〜　相手が急な方向転換ができないときに

相手が斜めや横からクロスステップ（098ページ参照）しながらディフェンスをしに来たときに有効です。

ディフェンスのクロスステップはすばやく動ける反面、急な方向転換ができないので、自分のコースに入る寸前に試せば、かなり高い確率で抜くことができるでしょう

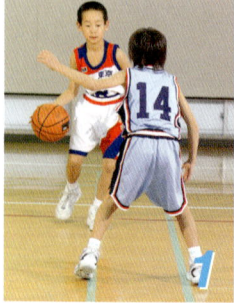

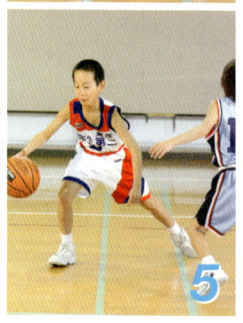

1　2　3　4　5

ドリブルの練習

練習のレベル ★〜★★★★★

インサイドアウト
104 ▶ 105

LEVEL ★★★★★

イスを並べてステップの練習

サイドライン近くをドリブルします。行きはコートの真ん中あたりでダックインをして、そのままドリブルシュート。帰りはハーキーからカットインまたはインサイドアウトを行いましょう。コート内にイスを並べ、これを相手と見立ててドリブルの練習をします。

〈行き：ダックイン〉　〈帰り：ハーキーからのインサイドアウト〉

イスをディフェンスと見立てて設置します。ダックインならバックコートに入って間もない場所に、インサイドアウトやハーキーならセンターライン付近と、使用頻度の高い場所にイスを設置しておくといいでしょう

Coach's EYE 選手に認識してもらうこと

イスを使ったステップの練習法を紹介しましたが、ステップから相手を抜きにかかるときに大切なものの1つは肩です。うまい選手は、低い姿勢で肩が相手の腰に触れるくらいのすぐ側をすばやく抜けていきます。上の練習では、とくにハーキーからの肩入れに注目し、その部分をしっかりと指導しましょう。

また、フェイクも重要です。下の写真はインサイドアウトの例ですが、重心を軸足に残しながら行きたい方向の逆に振って"相手が釣られたら"戻します。ついてこなければ振った方向に抜いていけばいいのです。フェイクは、相手に伝わらなければ意味をなさないということを選手に認識してもらいましょう。

ドリブル

PART-TWO オフェンス技術を身につける

ドリブルをしながら相手を抜き去る技術④
～安全にボールを運び、ときに抜く

ボールをつく手を切り替えて方向転換

当たり前のことですが、ドリブルでいつもまっすぐ前に進むわけではありません。相手が近づいてきたときには、斜めに進みながらドリブルをすることになります。

このとき、右方向に進んでいるときは右手、左方向に進んでいるときは左手でドリブルをして、相手からボールを遠ざけるようにします。

そうすると、例えば右斜めに進んでいて、左斜めに方向を変えるときは、ボールをつく手を右から左に替えなければなりません。そのようなときに使うのが、これから紹介する"チェンジ"です。つまり、チェンジとは相手からボールをカットされないようにするための技術なのです。

しかし、これにステップを組み合わせることで"相手を抜く技術"に変わります。

例えば、右斜めに進んでいて、進行方向に相手ディフェンスが来たとします。そのときに、相手がまだ右足に体重を乗せているなら、右から左にボールを持ち替えるとともにクロスステップで肩を入れて踏み出せば、相手にボールをカットされることなく抜き去ることができます。

攻めのドリブルが自分からしかけるものなら、チェンジは相手の状況に合わせて抜く技術です。バスケットでは必ず使う技術なので、チーム全員あとで紹介する"リバースターン"までは、できるようになっておきましょう。

■フロントチェンジ■

▼もっとも簡単な、チェンジの基本です。094ページで"交互にドリブル"という動きを紹介しましたが、まさにあれがフロントチェンジです。

相手が近くにいないときは、フロントチェンジで切り替えるようにしましょう

チェンジ中でも視線は前に

なるべく低い位置で行うようにすると、ミスが少なくなります

■Check Point■
ドリブルのリズムを変える

チェンジは、相手に進行方向をふさがれたときに使う技術ですが、ポーン、ポーン、ポーンと同じリズムでドリブルをしながらチェンジしても、相手はまったく釣られずに、また進行方向をふさいできます。

ポーン、ポーン、ポンと、ドリブルのリズムを速くするとともに、すばやく方向転換しましょう

フロントチェンジ、レッグスルー

■ Use Point ～使いどころ～ | カットの危険がない場合はフロントチェンジで

切り替えは、基本的にフロントチェンジで行ってください。相手との距離が近くてフロントチェンジできない場合に初めて、ほかのチェンジ技術を使うようにしましょう。

さらに、相手ディフェンスの体勢が整っていないときは、フロントチェンジをしながら、すばやく進行方向を変えて、一気に抜いてしまいましょう。

▶このように、前にスペースがあり、カットもされないときは、フロントチェンジをします。そして、写真のように相手ディフェンスがどちらかに体重を乗せていると見たら、そのままクロスステップで抜いてしまいましょう

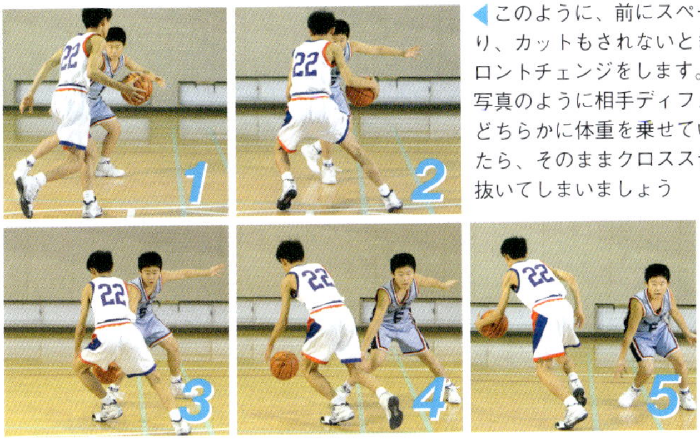

▲このように、相手が近すぎてフロントチェンジができないときは、レッグスルーやリバースターンなどのチェンジ技術を使うようにしましょう

■ レッグスルー ■

▶足の間を通すチェンジです。むずかしそうに見えますが、フロントチェンジの形がしっかりしていれば、意外とラクに覚えることができるので安心してください。

相手ディフェンスが近くにいても、足でガードするためにカットされにくいので、カラダの前でチェンジできるスペースがあれば、レッグスルーのほうが安全です。

また、フロントチェンジよりも使い道は多いので、ここで紹介するドリルをくり返し行い、レッグスルーの感覚をカラダに覚え込ませておくといいでしょう

■ Use Point ～使いどころ～ | シュートチャンスも作れる

フロントチェンジと同様の使い方もできますが、うしろ足を引いて、レッグスルーをしながら1歩下がり、相手ディフェンスとの間を広げてシュートを打つ、といった使い方もできます

■ Check Point ■ 見た目もかっこいい技術

写真のように、連続でレッグスルーをやってみましょう。最初はポーン、ポーンと、ゆっくりとしたリズムでしかできないと思いますが、慣れてくると、ポンポンポンと速いリズムで連続レッグスルーもできるようになります

左右の足を交互に動かす

PART-TWO　オフェンス技術を身につける
ドリブルをしながら相手を抜き去る技術④〜安全にボールを運び、ときに抜く

■リバースターン■

▶カラダを回転させながらチェンジをします。相手ディフェンスを背にしながらカラダを回転させるので、ボールをカットされる心配が少なく、回ることによって目の前にディフェンスがいない状況を作りだせます。

ただし、リバースターン中はうしろを向いてしまうため、コートの状況がわからなくなるという欠点もあります

クルッと回り、回るときはカラダを浮かせず、腰の位置が上下しないように気をつけてください

回りながらボールをついて逆の手に持ち替えます

ついたボールが手元に戻ってきた瞬間に回り始めます

速く回ればその分成功しやすくなるので、できるだけ速く回転しましょう

NG

▲このようにボールの下を持ち支えながら回ってしまう人もいますが、これではダブルドリブルになってしまいます

■Use Point〜使いどころ〜■
うしろに下げたボールを追ってきたときがねらい目

相手ディフェンスが近くにいて、前でチェンジができない。こういうときは、ボールをディフェンスの手が届かないようにうしろに下げますが、そこで、相手がそのボールを追ってきたときがねらい目です。

相手は、必要以上にボールを追ったことで体重が前にかかりすぎ、リバースターンに対処できません。回り終わったときには相手を真横において、自分は完全にフリーな状態になっているでしょう。

ただし、うまくできるようになると、レッグスルーができる状況なのにリバースターンを使ってしまう人も大勢います。しかし、リバースターンにはコートの状況を確認できないという欠点がある上に、相手との距離が離れていては、ただ相手と自分の間で回転しただけになり、抜くことはできません

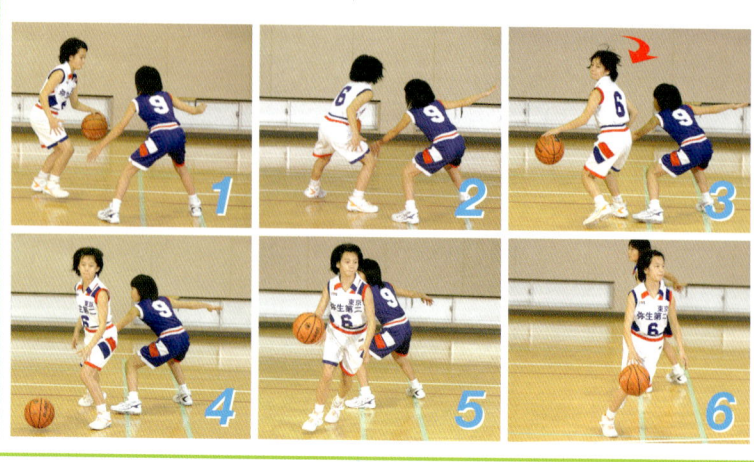

■Check Point■
考えてから回る

リバースターンをする前に、あらかじめターンしたあとの自分の動きを考えておきましょう。

例えば、ターン前に「うまくかわせたら、あそこの味方にパスが出せるな」と見当をつけておき、ターン後すぐに、味方が自分の予想どおりの場所にいるかを確認してパスを出します。このようにすれば"回転中は状況を確認できない"という欠点をカバーすることができます。

ただし"パスを出す味方が予定の場所にいない"とか"相手ディフェンスが動きに対応してきて、目の前にいる"といった予想外のことが起こる場合もあり、そのときは臨機応変に対応しなければならないので、ターン後の動きを「絶対にこうするんだ」と決めつけないようにしてください

1　2　3
4　5　6

リバースターン、バックチェンジ
108▶109

■バックチェンジ

▶カラダのうしろでチェンジする技術です。ほかのチェンジ技術とは違い、走りながらのドリブルに相手ディフェンスがついてきた場面で使うと有効です。
　ただし、ほかのチェンジ技術と違い、ボールをうしろから前に押し出すときに少しでも変な方向に行ってしまうと確実に失敗します。練習で確実に成功するレベルにまで達しない限り、試合で使うのは控えましょう

NG
▶しっかりとボールを斜め前に押し出さないと確実に失敗します

ドリブルで進んでいき、ボールをうしろに引きます

次のドリブルはボールを斜め前につきます

逆の手でボールを探してチェンジ。このときも、顔はボールを見ないようにしましょう

■Use Point～使いどころ～　相手がクロスステップで追いついてきたときがねらい目

　バックチェンジの長所は、スピードを落とさずに方向転換できることです。そのため、ドリブルをしているときに相手が横やうしろからクロスステップ（098ページ参照）で追いついてきたら、その一瞬を逃さずにバックチェンジを使います。クロスステップ中は何も対応できないので、タイミングを逃さなければ簡単に抜くことができるでしょう

1　2　3
4　5　6

Coach's EYE 使いどころを間違えない

　ドリブルは、できるようになれば本当に楽しい技術です。しかし、その反面"できるゆえに使ってみたくなる"という心理も働いてしまいます。そうなると、選手が「相手を抜きたいからドリブルをしよう」という誤った選択をすることも多いでしょう。
　それでは本末転倒です。ドリブルの技術を覚えさせることも大事ですが、同様に、判断を誤らせないように「ドリブルよりもパスのほうが速いので、パスができる状況ならパスをする」「前が空いているならシュートを打つ」という約束事は徹底しておきましょう。
　ただし「そこでドリブルするな！」といった具体性のない指示はしないでください。きちんと「今のはこうしたほうがよかった」ということを理由をつけて説明し、理解させるようにしてください。

ドリブル

LEVEL-UP TRAINING
ドリブルがよりうまくなるためのレベルアップトレーニング②

LEVEL ★★★★★　1人で練習

　集まって練習をするときは、チーム練習に時間を割いたほうが効率的です。チェンジやインサイドアウト、ダックインなどは1人でもできることなので、ドリブルは1人で練習して身につけるようにしましょう。

　ただし"見てマネする"ことも、手っ取り早く覚えるためには有効なので、上級生はお手本となるプレーを見せて、下級生はうまいプレーのマネをしましょう。

　こういうことをチーム練習以外で行うことができれば、チームの技術レベルは一気に向上するでしょう。

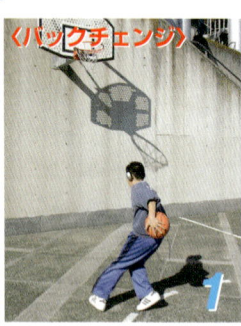

〈バックチェンジ〉
1　2　3

〈レッグスルー〉
1　2　3

◀ドリブルはリズムが大切です。そこで、1人で練習するときはMP3プレーヤーなど"ケータイ"できるプレーヤーで音楽を聞きながら、それに合わせてドリブルをするといいでしょう。

　ただし、単調なリズムだけでは、ドリブルのリズムも単調になってしまうので、アップテンポの曲やヒップホップなど、転調の激しい音楽を用意しておくといいでしょう。

練習のレベル ★〜★★★★★

ドリブルの練習

LEVEL ★★★★☆ 目隠しドリブル

　ドリブルは、ボールを見ないで、指の感覚だけで行えるようになるのがベストです。そこで、写真のような道具やサンバイザーを鼻先につけてドリブルを行うと、強制的に下が見えなくなるので、技術向上にかなり役立ちます。

　また、ドリブルがうまくなったら、目隠しをして試してみましょう。ただし、これは危険なので、体育館の中で、さらに、だれかに見てもらいながらやりましょう。

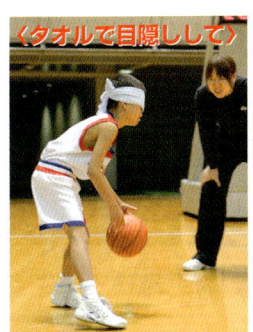

〈タオルで目隠しして〉 　〈サンバイザーを使って〉 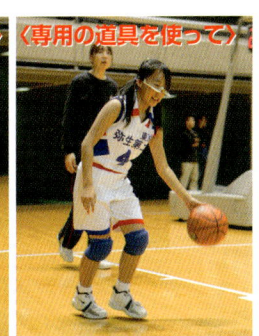　〈専用の道具を使って〉

LEVEL ★★★★☆ ツードリ、ワンドリシュート

　2回のドリブルでゴールから離れていき、ターンをしたら1回ドリブルをしてシュートを打ちます。ターンのときに、ボールを持ってはいけません。2回ドリブルした時点で、リバースターンのようにクルッと回るようにしてください。

　かなり難度の高い練習なので、最初のうちはなかなかうまくできないと思いますが、すばやくターンすれば、ボールを手に吸いつけたまま回れます。ここさえ気をつければ、あとは前に押し出し、ワンドリブルしてレイアップシュートを打つだけです。

Coach's EYE　1人でも学べる不測の事態への対処法

　試合では、シュートを必ずしも自分のリズムで打てるとは限りません。パスを受けた位置が悪いこともありますし、相手ディフェンスの予想外の動きによって自分のリズムが狂わされてしまうなど、試合ではいろいろなことが起こります。このようなときに、選手たちがアドリブで対応するのはかなり難しいことです。

　この練習では、2回ドリブルのあと、1回しかドリブルできず、さらにドリブルの前にターンの動作も入るため、ほとんど自分のリズムで打つことはできません。

　5対5など、実戦形式の練習で不測の事態への対処法を学ぶことも可能ですが、1人で行う練習でも、このようにあえて難しい状況を作りだすことによって、身につけさせることができるのです。

PART-THREE

　このPART-THREEでは、ディフェンスの技術を紹介します。始めたばかりのころは、ディフェンスの楽しさがなかなかわからないと思いますが、ミニバスを続けていると、相手のしたいプレーをさせないで、追い込んでパスカットしたり、相手がスキを見せた瞬間にスティールしたりすることができるようになってきて、その楽しさがわかってくると思います。

　つまり、ディフェンスとは"バスケットをよく知っている選手に与えられた楽しみ"ともいえるのです。

　また、ミニバスをしていて「なかなかうまくならない」とショックを受けることがあるかもしれません。でも、それはドリブルやシュートなど、オフェンス面でのことでしょう。ディフェンスは、まじめに取り組めば必ず上達する技術なのです。

　ディフェンスをがんばる選手は、みんなから信頼されてチームに溶け込みやすくなります。ですから、ミニバスを始めたばかりの人は「まずは、ディフェンスを精一杯がんばろう！」という気持ちで取り組みましょう。

ディフェンス技術を身につける

PART-THREE　ディフェンス技術を身につける

ディフェンスには、相手をコントロールする喜びがある

ミニバスで得点を止めるのはすごいこと

　"よい状態でシュートを打ち、得点する"ことが、オフェンス（攻撃）の考え方の基本です。
　一方のディフェンス（守備）は、まったく逆の考え方をします。"相手によいシュートを打たせないようにして、得点させない"——これがディフェンスです。
　さらに、ミニバスを含めたバスケットボールというのは、オフェンスがとても有利なスポーツです。みなさんもご存じのように、1ゲームで100点以上、ミニバスでも50点以上の得点をあげることもめずらしくはありません。いわば、得点できて当たり前、ともいえるのです。
　その、できて当たり前の得点を止める。これは本当にすごいことです。
　そして、ディフェンスには、オフェンスとはまったく違う"相手をコントロールする"という喜びがあります。
　相手のやりたいことを先読みして、動くことで、相手は次の手を考えなければなりません。そして、その次の手も先に読んでおく。すると、相手はあせりやいら立ちを覚えて、パスをミスしたり、無茶なシュートを打ったりする。こうなれば"ディフェンスの勝ち"です。そこに喜びを感じることができれば、ディフェンスも楽しく行えるようになるでしょう。

ディフェンスについて

ディフェンスは、練習した分だけうまくなる

　ミニバスを始めていきなりドリブルがうまくできたり、シュートがポンポン入るような人は確かにいます。ですが、そんな人でもディフェンスについては、いきなりうまくはできません。

　なぜなら、ディフェンスには経験が必要だからです。

　ディフェンスでは、まず、自分がチェックしている相手の動作を観察して「右へのカットインは鋭いが、左はそれほどでもないな」「ミドルシュートはそれほど得意ではないぞ」といった情報を試合中に集めます。

　そして「やや右に体重をかけておいて、相手が右にカットインした瞬間についていけるようにしよう」「ゴールに近づいて打とうとするだろうから、ゴールから離れているときはあまり近づかないでおこう」というように、ディフェンスのしかたを相手がもっともやりにくいように変えていきます。

　と、ここまで読んで「ディフェンスってこんなに大変なの！」とびっくりしたかもしれないですね。大人の選手でも「そんなこと考えてないよ」と言う人はいるでしょう。しかし、実際はこのように考えて（瞬間的に判断して）動いているのです。

　「相手にこう攻められたらマズイ」ということを察知して対応するには、経験を積むことが必要です。

　つまり、ディフェンスというのは、練習で経験を積んで、いろいろなパターンに対応できるようになっていくことで、うまくなれるのです。

　また、オフェンスはその日の体調や気分によって結果が大きく変わりますが、ディフェンスはそれほど変わりません。したがって、オフェンスの調子が悪いときは、その分、ディフェンスをがんばるようにすれば、いつでもチームの役に立てる選手になれます。

　オフェンスにちょっと自信がもてない人は、ディフェンスをがんばりましょう！　ディフェンスは、絶対に練習を裏切りません。そして、ディフェンスのうまい選手は監督としても頼りになるので、試合に出られる機会も増えると思います。

ディフェンスは、1人ではできない

　ディフェンスをするうえで、忘れてはいけないことがあります。それは"ディフェンスは1人ではできない"ということです。オフェンスならば1人でも、ドリブル突破からシュートなど、なんとかできる部分がありますが、ディフェンスの場合は、いくら1人でがんばっても、パスをされたらそこで終わりです。

　したがって"ディフェンスをがんばる"というのはチーム全体の決まりごとにしておきましょう。強いチームにしたいと考えるならば、なおさらがんばってディフェンスする意識を強くもってください。

　大会に勝ち上がるチームというのは、ディフェンスがよいチームです。オフェンス力があっても、ディフェンスが弱いチームはすぐに負けてしまいます。

　さすがに、全国大会の上位レベルでは、オフェンス、ディフェンスともに高い技術をもち、さらに身長が高いチームがひしめき合っていますが、小さい選手ばかりで構成されたチームもたくさんあります。

　そして、それらのチームすべてに共通していることが"ディフェンスがうまい"という点です。つまり、強いチームの第一条件は"ディフェンス"ということなのです。

PART-THREE　ディフェンス技術を身につける

姿勢をつくってステップができれば、ディフェンスの基本動作はほぼ完成

相手に合わせて動き出し、ついていけることが大事

　ディフェンスで最初に覚えることは姿勢です。
　棒立ちで突っ立っているだけでは、相手の動きに対応することはできません。相手の動きに合わせてどの方向にも動き出すことができて、なおかつ相手を困らせやすい姿勢をつくることから始めましょう。そして、その姿勢のまま移動する方法（ステップ）を覚えていきます。
　相手の動きに合わせやすい姿勢をつくって、そのまま移動することができるようになれば、ディフェンスの基本的な技術はほぼ完成です。
　あとはボールを奪う技術や、相手オフェンスの動きを予想して、それをつぶすプレーができるようになるための経験を、練習や試合を通して身につけていくことになります。

■ボールを持っている相手に対する基本姿勢■

目線はボールを中心に置き、相手のカラダ全体をしっかりと見ます

片腕は前に出して、フロントチェンジをさせないようにします

足はやや広く開きます。両足に重心を置き、どちらにもすばやく動けるようにしましょう

基本姿勢とステップ
116 ▶ 117

■姿勢をくずさずについていく■

ディフェンスの構えをとってからの移動方法は2種類。相手との距離によってそれらを使い分けましょう

〈スライドステップ〉

▶足を交差させずに歩きます。重心が左右にぶれずに移動できるので、スライドステップを使っているときなら、相手がいきなりすばやく動いても対応することができます

〈クロスステップ〉

▼足を交差させながら走ります。スライドステップと比べてはるかに速く移動できるので、相手との距離が離れているときはクロスステップで追いつきましょう。ただし、クロスステップ中はフェイクなどの揺さぶりに非常に弱くなってしまうので、近くまで来たらすぐ、スライドステップに切り替えてください

相手がスピードドリブルをしているときなどは、スライドステップでは追いつかないので、クロスですばやく移動します

止まるときは、必ず肩幅のスタンスをとってストップしましょう

1

2

3

4

相手のスピードについていける場合は、すべてスライドステップを使いましょう

5

PART-THREE　ディフェンス技術を身につける

カラダの接触による ファウルは、ディフェンスが 圧倒的に不利

ファウルについて覚えておこう

相手が嫌がるようなディフェンスをすることと、カラダの接触によるファウルは切り離せない問題です。
「何がファウルで何がファウルでないか」の判断は審判が行うことですが、ファウルに対する基本的な知識だけは頭に入れておきましょう。
無駄なファウルが減るので、よりよいディフェンスをする手助けとなると思います。

■ディフェンスの範囲■

ディフェンスが両足を開いて相手の正面に立ったとき、写真の範囲がディフェンスに与えられます。この範囲内であれば、たたく、押すなどの危険行為をしなければ接触してもファウルにはなりません（ただし、ドリブルで抜いてくる相手の頭や肩が、ディフェンスの腰のわきをぬけたとき）。実際ファウルをとられるのはほとんど、手が前に出ていたり、横に出ていたりと、写真内に赤枠で示した以外の場所で接触したときに起こっていると思います

接触によるファウル

■SKILL UP　あえてチャージングをねらう OK （オフェンスファウル）

　チャージングとは、オフェンスがディフェンスにぶつかったときに、オフェンス側に与えられるファウルのことです。
　先に説明した"ディフェンスの範囲"が与えられるのは両足で着地してからで、走っているときにはこの範囲は与えられません。そのため、走っている状態でぶつかってもチャージングにはならないのです。
● 相手の進行方向に行き、両足を開いて動かず相手を待ち構える
● 待ち構えた場所と相手との距離が歩幅2歩分開いていて、相手が自分にぶつかってくる
　この条件を満たしたときに、初めてチャージングになります。かなり厳しい条件なので、チャージングはめったにとれるものではありません。しかしめったにできない分、ねらってできたときには、チームは一気に勢いに乗ることもできるのです。
　そこで、もし相手チームに、ドリブルで中に切れ込んでくるときにボールから目を離さないような選手がいる場合は、ねらってみるといいでしょう

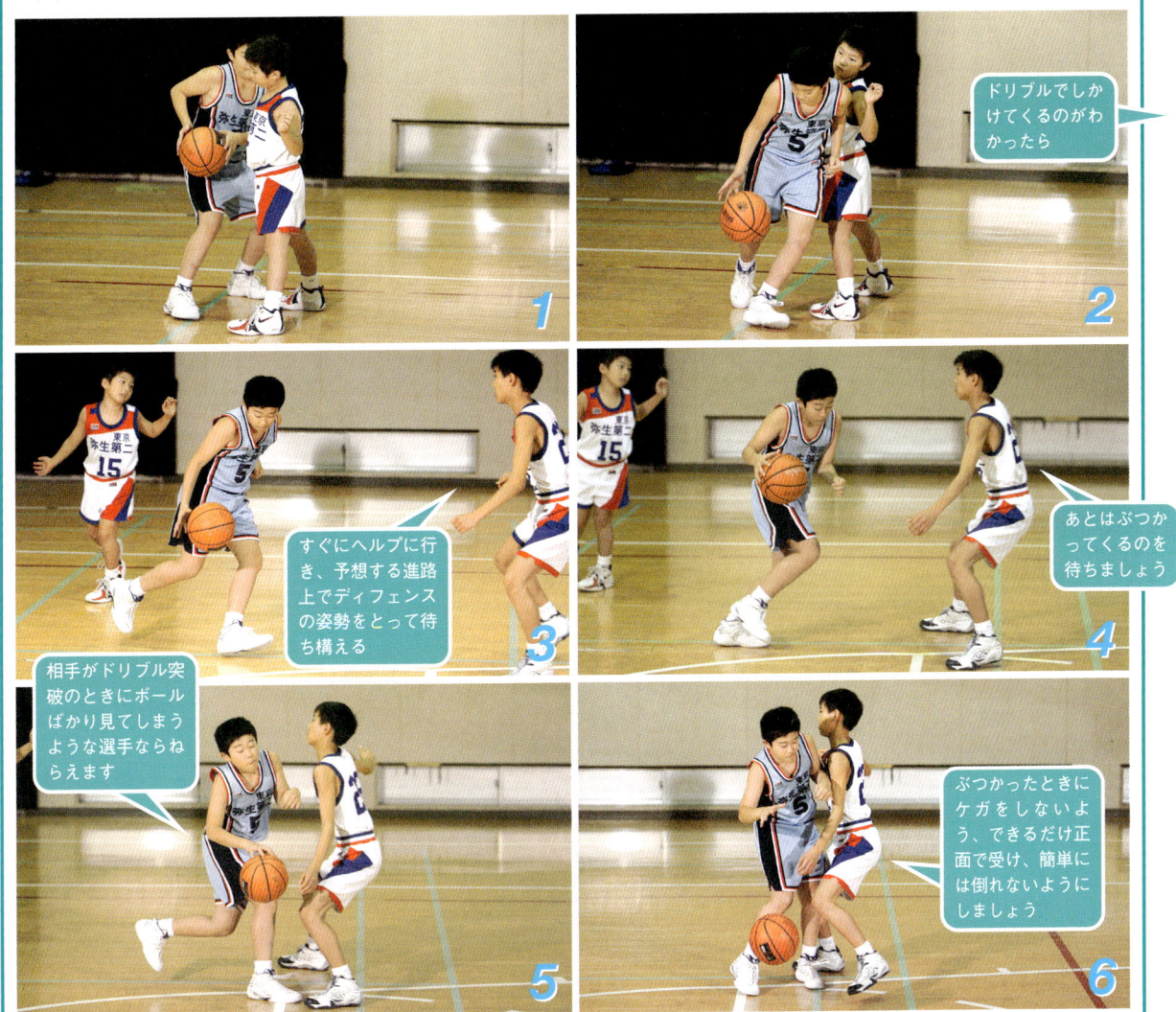

1

2 ドリブルでしかけてくるのがわかったら

3 すぐにヘルプに行き、予想する進路上でディフェンスの姿勢をとって待ち構える

4 あとはぶつかってくるのを待ちましょう

5 相手がドリブル突破のときにボールばかり見てしまうような選手ならねらえます

6 ぶつかったときにケガをしないよう、できるだけ正面で受け、簡単には倒れないようにしましょう

PART-THREE　ディフェンス技術を身につける
カラダの接触によるファウルは、ディフェンスが圧倒的に不利

■SKILL UP■　チャージングとファウルの境界線

ファウルとチャージングの判定はとても微妙です。前ページの写真のように、きれいに相手のコース（相手が進んでいる方向）に立ちふさがらないと、チャージングはもらえません。そこで、前ページの写真の動きを図で示しました。ＮＧの図と見比べて、ファウルとチャージングの境界線を覚えておきましょう

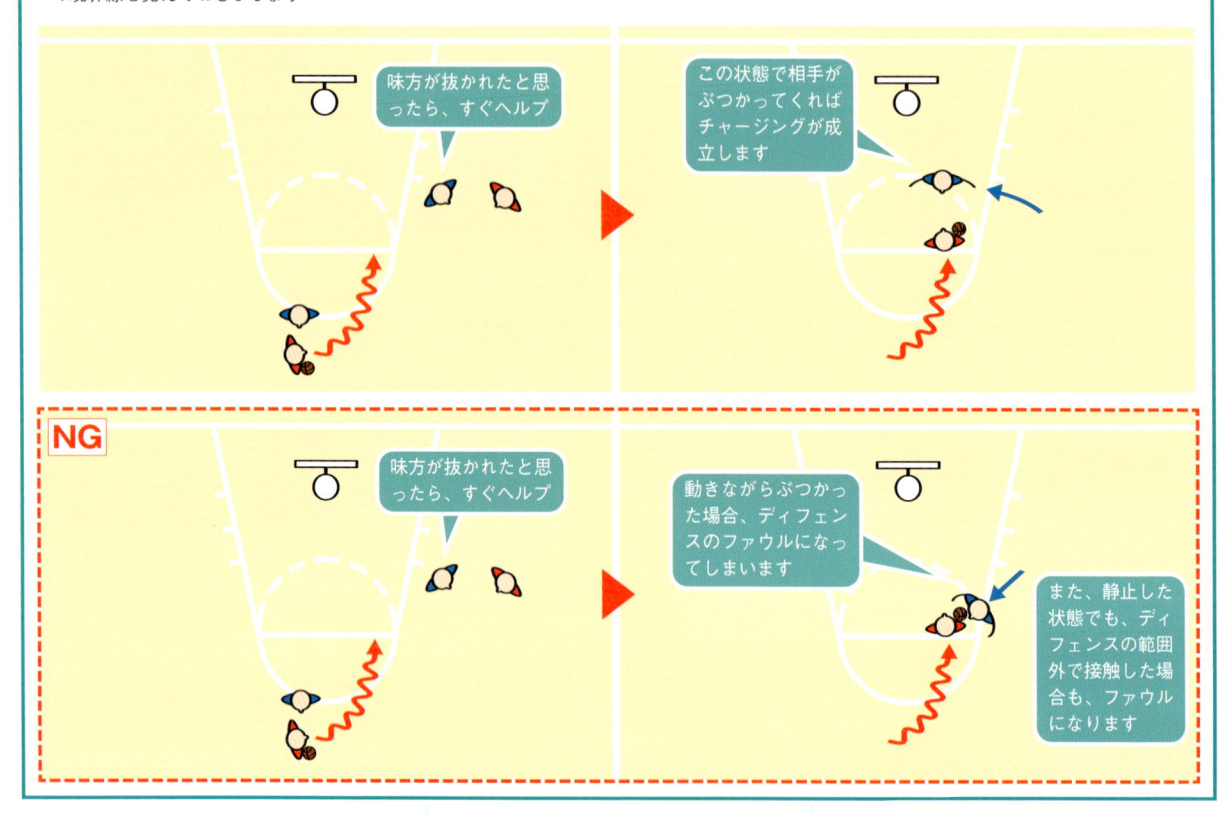

味方が抜かれたと思ったら、すぐヘルプ

この状態で相手がぶつかってくればチャージングが成立します

NG

味方が抜かれたと思ったら、すぐヘルプ

動きながらぶつかった場合、ディフェンスのファウルになってしまいます

また、静止した状態でも、ディフェンスの範囲外で接触した場合も、ファウルになります

■Check Point■　審判も間違えることがある

　審判は神様ではありません。選手と同じようにコートに立ってプレーを判定しているため、どうしても視野に入らない部分、見えない部分というのは出てきてしまいます。したがって、間違いが起こるのはしかたがないことなのです。
　試合経験があるみなさんの中にも"ボールにしか触れてないのにファウルをとられた""触っていないのにファウルをとられた"という経験をもっている人は多いと思います。
　しかし、そこで腹を立ててはいけません。怒ってしまうと、試合に集中できなくなり、その後のプレーもおかしくなってきます。
　なので、まずは"審判もときには間違える"ということを知ってください。そして、納得できないファウルをとられても「ま、しかたがない」くらいの気持ちで流すようにしましょう。腹を立ててしまうと、確実に自分が損をします

ディフェンスの練習

練習のレベル ★〜★★★★★

接触によるファウル
120 ▶ 121

LEVEL ★★★★ フットワーク

ディフェンスは経験が大事なので、5対5や3対3など実戦形式の練習も効果的ですが、ディフェンスの姿勢をとり続けるには、どうしても"持続力のある筋肉"が必要になってきます。そこで、フットワークを練習のたびに行うようにしましょう。

▶▼フットワーク練習は、ディフェンスだけでなく、バスケットをするためのカラダ作りには欠かせません。166ページの「練習メニューを考える」でいろいろなフットワーク練習を紹介しているので、そちらを参照してください

Coach's EYE ディフェンスの基礎練習はつまらない

このフットワーク練習に代表されるように、ディフェンスの基礎練習というものは、選手たちにとっては、きついうえに面白くありません。しかし、やらなければディフェンスはうまくなりません。この練習は毎回行うようにしましょう。

もし、チーム練習を週3回行っているとして、そのうちの1回だけフットワークをメニューに組み込むといった中途半端なことをすると、逆に選手たちはその日の練習を嫌がって、身が入らなくなってしまいます。しかし、毎回のルーティンとして組み込めば、「練習に来たらこれはやるもの」と考えてくれるので、かえって不満は減るものです。

ただし、どんな練習でも真剣にやらなければ、大きな練習効果は得られません。そこで「ディフェンスは本当は楽しいものだ」ということを実戦形式の練習などで体感させてあげましょう。そのうえで「うまくなるには必要な練習なのだ」と理解させれば、選手たちはやる気を示すものです。

PART-THREE　ディフェンス技術を身につける

コースチェックができなければ、ディフェンスにならない！

好きなようにさせないために相手のコースに入る

ディフェンスは"相手にいいシュートを打たせない"ために行いますが、その第一歩として行うことは"相手の好きなようにはプレーをさせない"ということです。

そこで、ボールマン（ボールをもっている選手のこと）をマークするときは、すばやく相手とゴールを結んだラインに移動して、簡単にシュートを打たせないような状況にしてしまいましょう。

これを"コースチェック"といい、ディフェンスをするときの基本になります。これができないと、相手は一直線にゴールに向かい、簡単にシュートを打つことになります。

つまり、コースチェックができないということは、ディフェンスをしていないということに等しいのです。相手のコースに入って初めて、ディフェンスの開始です。

相手が抜きにくるのか、それともパスを出すのか、その場でシュートするのか。相手の微妙な動きから次のプレーを予測し、このあとで紹介するスティールやシュートチェックという技術を使ってディフェンスするのです。

ですから、その前段階であるコースチェックは、確実にできるようにしておきましょう！

■コースチェック■

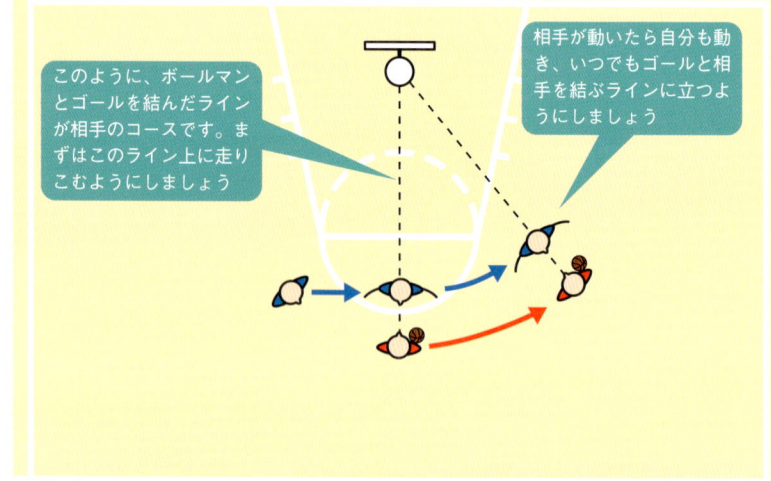

このように、ボールマンとゴールを結んだラインが相手のコースです。まずはこのライン上に走りこむようにしましょう

相手が動いたら自分も動き、いつでもゴールと相手を結ぶラインに立つようにしましょう

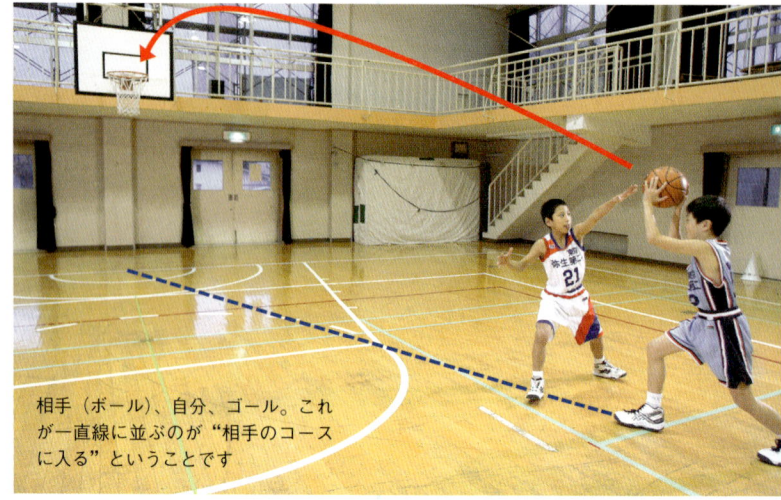

相手（ボール）、自分、ゴール。これが一直線に並ぶのが"相手のコースに入る"ということです

コースチェック
122 ▶ 123

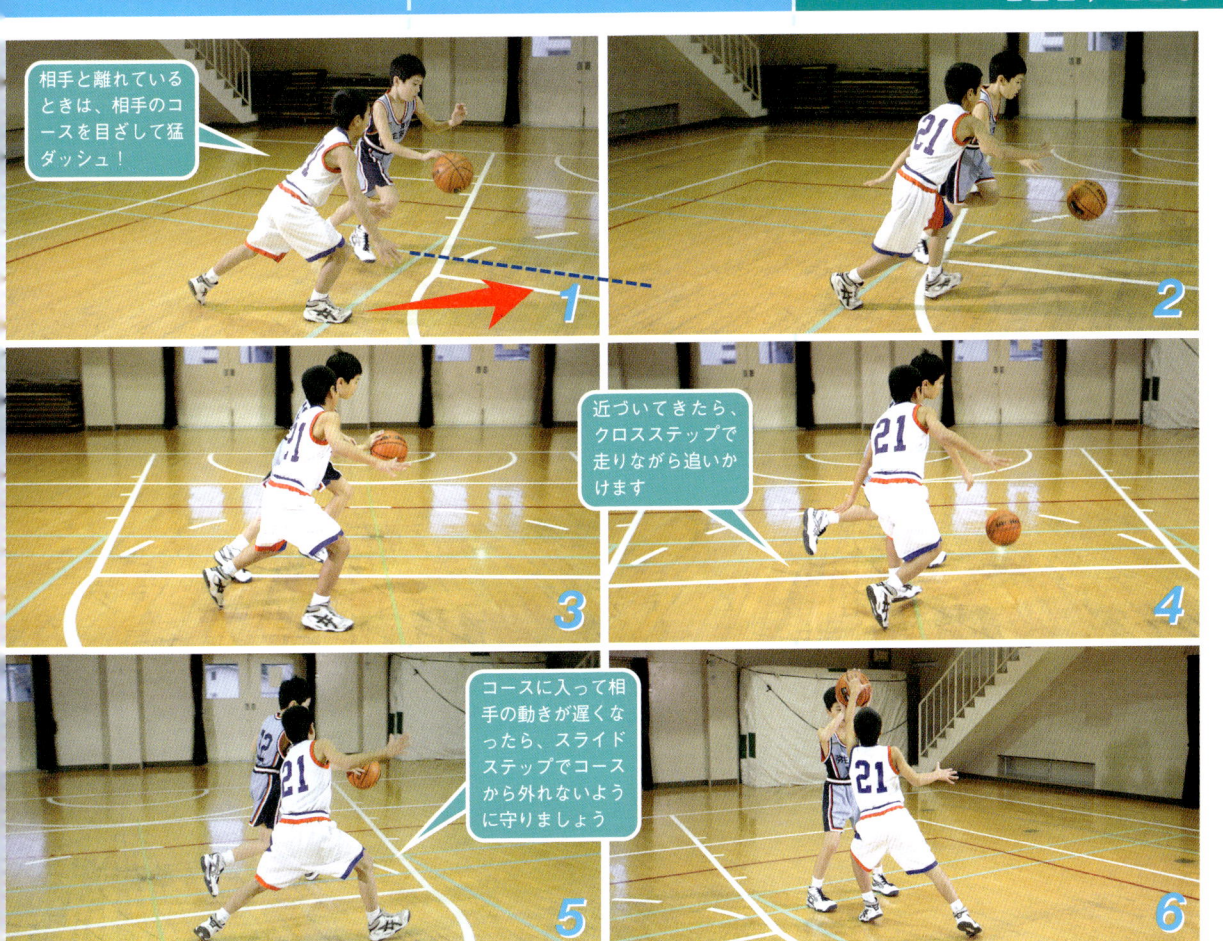

1 相手と離れているときは、相手のコースを目ざして猛ダッシュ！

2

3

4 近づいてきたら、クロスステップで走りながら追いかけます

5 コースに入って相手の動きが遅くなったら、スライドステップでコースから外れないように守りましょう

6

■ Check Point ■ 相手との距離

　ボールマンをマークしているときは、だいたい手を伸ばしてギリギリ届くか届かないかくらいの距離が基準になります。ただし、相手がカットイン（ゴールに向かって切り込んでくること）の多い選手なら少し下がって簡単にカットインされないようにします。また、ゴール下ならば密着するほどに近づいてもいいでしょう。

　このように、相手のプレースタイルや、自分のディフェンス力と相手のオフェンス力、そのときにいる場所など、あらゆる要素を考えたうえで、相手との距離を微調整していきましょう。その調整がうまくいけば、相手をかなり困らせることができるようになります。

　そして、この"調整"という部分も、ディフェンスの経験が大きく影響してくるのです。いつも真剣にディフェンスをがんばり「どうすれば抜かれない、打たせないディフェンスができるか」と、つねに考えていくことで、相手との距離のとり方が自然にわかってきます。

PART-THREE ディフェンス技術を身につける

シュートチェックは、相手が打ちにくいようにしっかり手を挙げる

相手のシュートコースに手を入れる

相手がシュートを打とうとしてきたときは、手を挙げてシュートチェックを行い、入る確率を少しでも下げるようにします。

また、相手がフリーの状態で、すでにシュートエリア内に入っている場合は、コースチェックに行くだけでは間に合いません。こういうときは"クローズアウト"という技術を使って、コースチェックと同時にシュートを防ぐようにしましょう。

■クローズアウト■

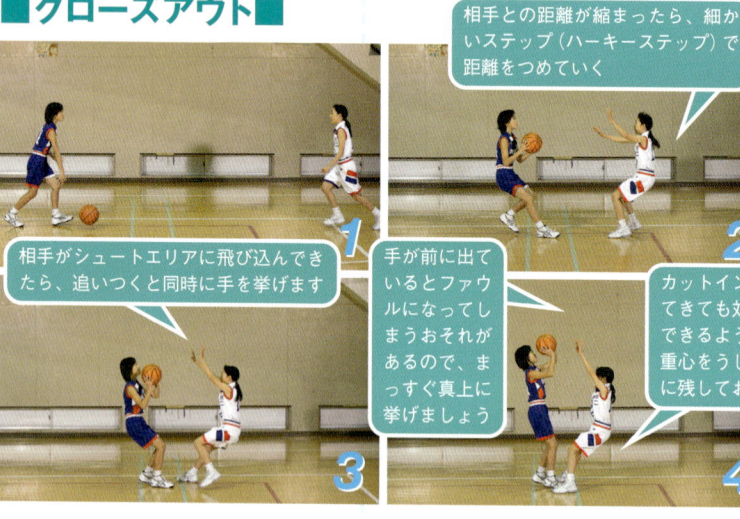

1

2 相手との距離が縮まったら、細かいステップ（ハーキーステップ）で距離をつめていく

3 相手がシュートエリアに飛び込んできたら、追いつくと同時に手を挙げます

手が前に出ているとファウルになってしまうおそれがあるので、まっすぐ真上に挙げましょう

4 カットインしてきても対応できるように重心をうしろに残しておく

■シュートチェック■

▶相手がシュートの動作に入ったら、すぐにチェックの準備をします。ただし、ここで重心を前にかけてしまうと、相手がカットインをしてきたときについていけないので、あくまでカラダはまっすぐに

右手でのシュートに対して自分は左手というように、相手と同じ側の手を挙げます。写真のように軸をずらされた状態からのシュートに対しては、相手のきき手に近い側の手を挙げるようにします

1

2

3 "ただ、手を挙げる"というちょっとしたことでも相手は嫌がります

ディフェンスの練習

練習のレベル ★〜★★★★★

シュートチェック

LEVEL ★★★☆☆ コースチェック練習

　コースチェック、シュートチェック、ボックスアウト（相手に密着しながら、外へ外へと追いやる技術）といろいろな技術を同時に使う練習です。相手オフェンス役の選手にとっても、いいシュート練習になります。

　すばやくコースに入らないと、いかに簡単にシュートを打たれてしまうのかを理解でき、コースに入ったときのシュートチェックの効率的な方法も身につけることができます。また、チームのレベルが上がってきたら、コースに入ったときにクローズアウトからボックスアウトを試してみるといいでしょう。

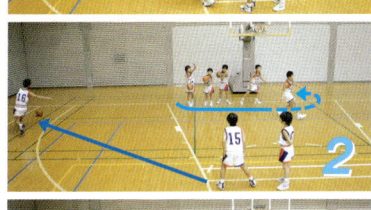

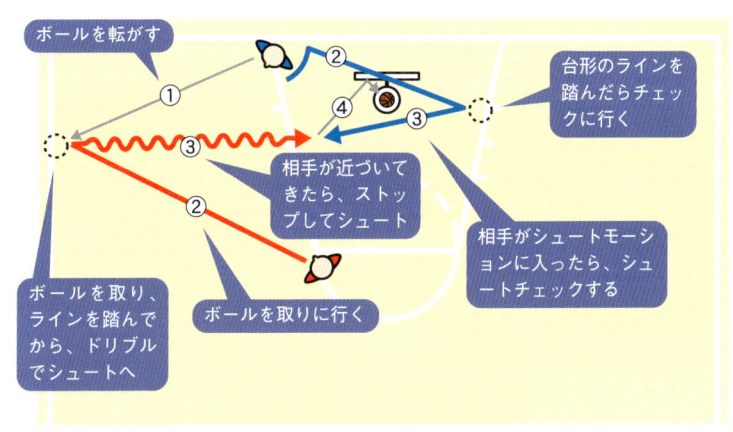

- ボールを転がす
- ボールを取り、ラインを踏んでから、ドリブルでシュートへ
- ボールを取りに行く
- 台形のラインを踏んだらチェックに行く
- 相手が近づいてきたら、ストップしてシュート
- 相手がシュートモーションに入ったら、シュートチェックする

◀ シュートを打たれたらすぐにボックスアウトを行います

Another variation コースチェック縦バージョン

　横の動きなら、相手のコースに入るのは簡単です。少し難度を上げた縦バージョンも練習しておきましょう。

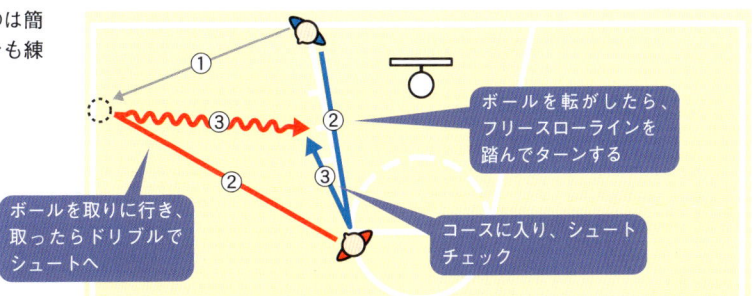

- ボールを転がしたら、フリースローラインを踏んでターンする
- ボールを取りに行き、取ったらドリブルでシュートへ
- コースに入り、シュートチェック

PART-THREE　ディフェンス技術を身につける

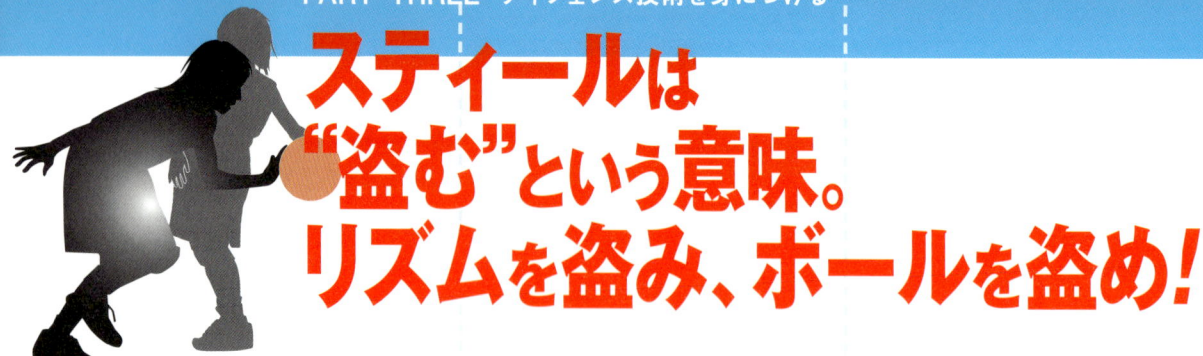

スティールは"盗む"という意味。
リズムを盗み、ボールを盗め！

タイミングは練習で身につけよう

相手のドリブル中のボールをはじいてしまうことを"スティール"といいます。成功するとかなり気持ちいい技術ではありますが、スティールをねらって失敗すると、確実に相手に抜かれてしまいます。なので、練習でしっかりと"成功するタイミング"を身につけておきましょう。

スティールで大事なことは"相手のドリブルのリズムを盗む"ことと"カラダを細く使う"ことです。この2つができていればタイミングよくスティールに入れるようになります。

また、スティールは、床から上がってくるボールをできるだけ低い位置でねらって行います。ということは、背の低い選手ほどスティールをねらいやすいということなのです。「背が低いとバスケはできない」と思っている人がいるかもしれませんが、バスケットには背が低いからこそできることもあるのです。自分の特徴を活かせるプレーをみがいていきましょう！

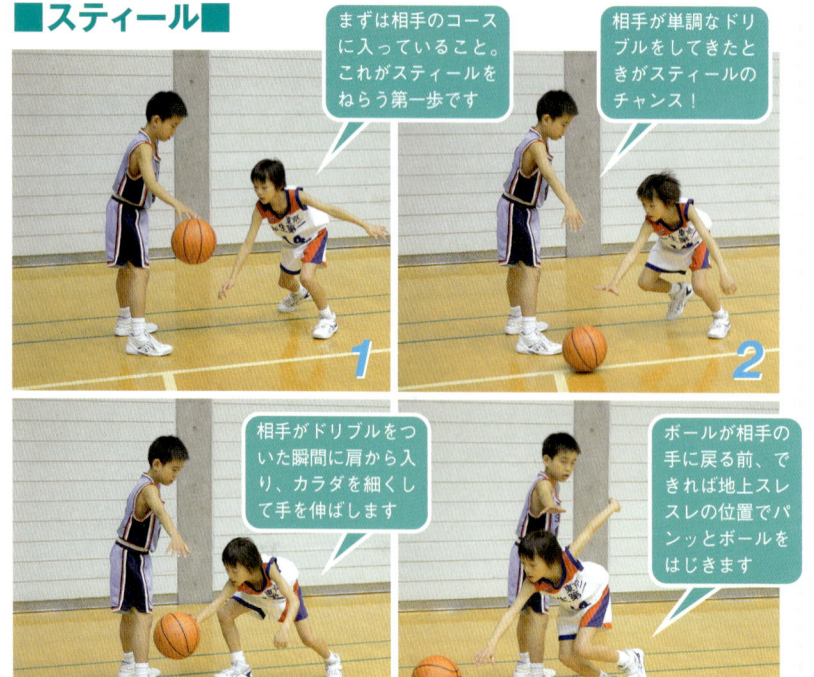

■スティール

1. まずは相手のコースに入っていること。これがスティールをねらう第一歩です
2. 相手が単調なドリブルをしてきたときがスティールのチャンス！
3. 相手がドリブルをついた瞬間に肩から入り、カラダを細くして手を伸ばします
4. ボールが相手の手に戻る前、できれば地上スレスレの位置でパンッとボールをはじきます

■Check Point
カラダを細く使うことが重要

スティールに行くときやドリブルで相手のすぐ側を抜くときなどは、しっかりと肩から入り、カラダを細くしなければいけません。とくにスティールは、ボールを取りに手を伸ばさなくてはいけないので、肩からグッと入らなければボールに届かないということもなりかねません

NG

このように、カラダを正面に向けたままボールを取りに行くと、相手とぶつかりやすく、ファウルの可能性が高まってしまいます

ディフェンスの練習

練習のレベル ★〜★★★★★

スティール
126 ▶ 127

LEVEL ★★★☆☆ ボール周辺をグルリとターン

スティールでは低い位置でボールをはじくので、このような低い位置に手を置いて動く練習をしてみるといいでしょう。

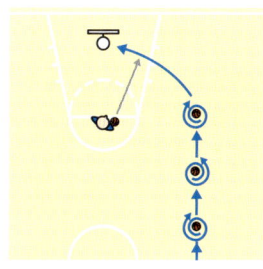

サイドコートに3〜4個ボールを置き、右回り、左回りと変えながら進みます。最後にボールを受け取ってレイアップシュートを行うと、効率的な練習になります

> ぞうきんの上に置いたボールに対して、正面を向いてストップします 1

> 1歩目は、大きく鋭く踏み込みます 2

3

> パスを受けてレイアップシュートへ 4

LEVEL ★★★☆☆ うしろでドリブルしたところをスティール

今度は実際にスティールを行う練習です。コースに入るとボールマンはボールをディフェンスから遠くに離してドリブルを行うので、そこをねらいます。スティールに入れるタイミングとリズムを身につける練習です。

1

2

3

4

5

PART-THREE ディフェンス技術を身につける

リバウンド争いを制したチームが試合を制す

試合中、半数のシュートがリバウンド争いにつながる

チームを勝利に導くうえで、リバウンドは欠かせない要素です。どんなにシュートの成功率が高い選手でも試合では6割入れば十分でしょう。つまり、試合中のシュートの半分くらいはリバウンド争いにつながるのです。

リバウンド争いで勝つことができれば、当然、試合の勝敗は大きく自分のチームに傾きます。

スティールとは逆に、リバウンドは背の高い選手が有利です。リバウンド争いをするのは大変ですが、チームを勝利に導くために、自分のやれることはしっかりとやりましょう！

■リバウンド■

リバウンドを取るには、ジャンプの最高点でボールに触れるようにします。また、リバウンド争いをしているときに「勝てるかどうかわからない」と感じたときは、チップ（ボールを指ではじくこと）をして2回目のリバウンドで勝敗をつけましょう

〈リバウンド〉

1 ジャンプの最高点でボールを手に吸いつけます

2 巻き込むように胸までボールを持っていきます

3

4 両手でしっかりと押さえて着地して「だれにも渡さない」という気持ちを込めて、バチンと音が出るくらいに強くボールを挟み込みます

〈チップ〉

▶写真❹のあと、着地したらすぐにジャンプをし、ボールをキャッチします。そのとき、相手もジャンプしたのであれば、もう一度チップを行って、3度目のリバウンド勝負を行いましょう

1

2 手を伸ばして、指先でボールを真上に上げます

3

4

■ボックスアウト■

リバウンド争いで勝つための最重要技術です。ボックスアウトさえしっかりできれば、リバウンドを取ることはむずかしくありません

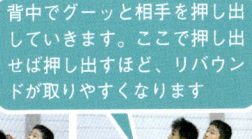

シュートを打たれた瞬間に相手に背中を向け、カラダをピッタリと寄せます

背中でグーッと相手を押し出していきます。ここで押し出せば押し出すほど、リバウンドが取りやすくなります

▲このように、自分のお尻が相手の太ももに乗るようにすると、相手は身動きが取りにくくなります

■Check Point■
（逆の立場で）ボックスアウトの外し方

こちらがオフェンスのときは、相手も当然ボックスアウトをしかけてきます。そこでボックスアウトの外し方も覚えておきましょう。

まず1つ目の方法はロールです。片方の足を軸にしてクルリと回転し、相手より前に出るようにします。

もう1つはフェイクです。相手は背中やお尻でこちらの動きを確認しています。そこで、左右どちらかに一瞬動き、相手が同じほうへ動いてきた瞬間に逆へ移動し、相手より前に出ます。

このように、相手からボックスアウトをされたら、ロールやフェイクの技術を使って、相手の前に出るようにしましょう

ディフェンスの練習

練習のレベル ★〜★★★★★

LEVEL ★★★★★ リバウンド練習

リバウンドで大切なボックスアウトを鍛える練習です。ボックスアウトは形も大事ですが、タイミングも重要です。"シュートと同時にボックスアウト"——このタイミングを身につけましょう。

スティール練習の最後でレイアップシュートを打つときに、それに合わせてボックスアウトの練習も行っておきましょう。

PART-FOUR

　PART-ONE,TWO,THREEと、いろいろな技術を紹介してきましたが、それらはいわば個人の技術です。ここからは"チームの一員としてどう動くべきか"ということを中心に紹介していきます。
　まず最初に、チームの一員としてプレーするうえでもっとも大切なことを覚えておきましょう。
　それは"他人を思いやる"気持ちです。ミニバスを含むバスケットボールのプレーは、1人では完成しません。たとえ自分がチームで一番うまい選手だとしても、パスを出してくれる人がいる、ボールを運んでくれる人がいる、リバウンドを取ってくれる人がいる、ともにディフェンスしてくれる人がいる、というように、自分以外の4人がいるからこそ、うまくプレーできるということを忘れないでください。チームの一員として、ときには仲間のプレーの手助けも必要になってきます。これがチームプレーをするためにもっとも大切なことです。
　この気持ちを全員がもっていなければ、どんなに技術があっても、強いチームにはなれないでしょう。

チームプレーができるようになる!

PART-FOUR　チームプレーができるようになる!!

自分の"やりたいこと"ではなく、自分が"やるべきこと"を考える

周りの状況を見て行動することが大事

　例えば、自分がドリブルで相手を抜くプレーが好きだとします。しかし、試合では、抜くことばかりを考えていてはいけません。まず、周りの状況を見て、味方にパスを出したほうがよりシュートチャンスにつながりやすい状況なら、パスを出すようにします。今これを読んでいるみなさんは「そんなこと、チームのためなんだから当たり前」と笑っているかもしれません。

　でも、いざ試合になると、ドリブルで抜くことばかりを考えて、周りの状況を見ることができなくなってしまう人は結構いるものです。

　チームプレーをするときは「何をするべきか？」と考えながら行動しましょう。しっかりと考えて行動するクセを身につけておかないと、試合で出すことはできないので、いつもの練習のときから実行してください。

　ただし「自分がやりたいことをしてはいけないのか」といえば、そうではありません。ドリブルで相手を抜くのが好きなら、その技術をみがいて"得意技"にしてしまえばいいのです。相手のディフェンス力より自分の突破力のほうが優れているなら、それはチームにとっても、チャンスを作るための有効な手段となります。チームメイトは、あなたのドリブル突破を期待して、パスをバンバン回してくれるようになるでしょう。

人それぞれに違う "自分だけの武器"

　バスケットには身長の高さが"絶対に必要"と思っている人も多いと思いますが、それは間違っています。もちろん、背が高いことによるメリットはあります。リバウンドやゴール下でのシュート、そしてディフェンス。これらは確実に身長が高いほうが有利です。
　しかし、これらはチームの中の"だれか"が行えばいいことです。そう、コートに立っている5人全員が大きい選手である必要はないのです。チームの中には、ドリブルがうまい人もいれば、シュートが正確な人もいると思います。背が高いというのはこれらと同じ、その人がもっている武器の1つでしかないのです。
　ミニバスをやる以上は、何かひとつでもいいので自分の武器をもつようにしましょう。「ディフェンスをやれば絶対に抜かれない！」「味方を活かせるパスが出せる！」など、何でもいいので、「あなたの得意なことは何ですか？」と聞かれたときに自信をもって答えられる武器を身につけましょう。「でも、まだうまくないし……」と思う人もいるでしょう。しかし、得意なことは何も技術に限らなくてよいのです。「気合いならだれにも負けない！」

「だれよりもがんばれます！」といった、自分のミニバスに対する気持ちも、りっぱな武器です。
　「気持ちなんて武器にはならないよ」と思うかもしれませんが、強い気持ちはディフェンスのがんばりに直結します。そして、ディフェンスのがんばりは、試合の流れを自分のチームに引き寄せるための大きなきっかけになるのです。
　このように、いろいろな技術を身につけることも重要ですが、その中でも「これだけはだれにも負けない！」と思える武器をもっておくと、チームの一員としてとても役に立つこととなるでしょう。

LEVEL-UP TRAINING

チームプレーができるようになるための応用トレーニング①

LEVEL ★★★★～★★★★★　練習意識のステップアップ

技術を覚える練習は"試合中のどんな状況で使うか"を考えながら行うようにしましょう。これはとても重要なことです。例えば、対面パス練習でワンハンドサイドパスを投げるとします。そのときに、ただ対面にいる練習仲間に投げるのと、正面に敵がいると仮定して、その敵に取られないようにパスを出すのとでは、得られる"経験値"はまったく変わってきます。

ドリブル練習でも、ただイスの間を通るのではなく、敵を想像してスティールされないように意識する。レイアップシュートの練習でも、敵が追いついて来ている状況を想像するなど、いつも試合中の状況を想像しながら行うようにしましょう。

また、想像しながら練習をするというのは楽しいことでもあります。想像する相手はチームの仲間で自分より少しうまい人でもいいし、試合で歯が立たなかった選手などでもいいでしょう。具体的な人物を想像し、その人を相手にがんばってみてください。

〈前に"敵"を置いての対面パス〉

▲「目の前の相手をかわすにはどうすればいいか？」と考えながらパスを出しましょう。フェイクを入れてみたり、より大きく足を踏み出してみたりと、いろいろなやり方を思いつくはずです

〈前に"敵"を置いてドリブル〉

▲ドリブル練習でも同様です。とくに敵を抜き去る技術の練習では、必ず敵役の人を思い描いてください。想像の中のことでもドリブルで抜けば気持ちがいいものです。練習も楽しく行えるでしょう

〈"敵"に追われながらのランニングシュート〉

▲ランニングシュートでも、うしろから敵が来ている状況を作って練習すれば、試合でプレッシャーを受けながらでも確実に決められるようになります。いろいろなプレッシャーを受ける場面を設定して練習し、それを超えていくことで、試合で同じ状況が生まれたときに、スムーズに動けるようになるのです

練習のレベル ★〜★★★★★　　　チームプレーの練習
134 ▶ 135

■Check Point　技術習得の最終段階

1つの技術習得の順序は、
❶ **ゆっくりでもいいので、正しい形を覚える**
❷ **徐々にすばやく行えるようになる**
❸ **使える状況と判断したら、考えるより先にカラダが動くようになる**
という3段階になっており、❸まで達して初めて "修得できた" といえます。

この3段階目の要素に必要なのが "想像しながら練習する" ということです。
もちろん、試合や5対5の練習を積めば、徐々に、状況に応じて自然にカラダが動くようになりますが、個別の練習時から "その技術を使うシチュエーションを想像しながら" 行ったほうが、修得は圧倒的に早くなります。

LEVEL ★★★★★　バスケ式鬼ごっこ

097ページで紹介したふつうの鬼ごっこと違い、こちらはボールを使ってミニバスの動きを取り入れた鬼ごっこになっています。

みんなでいっしょに遊ぶことは、ミニバスに欠かせないコミュニケーションの能力の向上に役立ちます。

この鬼ごっこでは、鬼どうしのパスワークが重要なので、自然に「はい！」「早く！」など、声をかけ合うことになります。練習中に「声を出して」と注意されたことがある人は多いと思いますが、こんな楽しい練習なら、声をかけ合えるようになりますね。

〈ルール〉
☐ 鬼の役は2人
☐ 鬼がボールを持つ。ボールを持っている鬼は、ドリブルで移動しなければならない
☐ タッチすることができるのは、ボールを持っている鬼のみ
☐ タッチされた人は、タッチした鬼と交代する

鬼の2人で、ショートパスをくり返しながら徐々に相手を追いつめたり、ドリブルで追いかけると見せかけてもう1人の鬼にパスをしてみたりと、いろいろ考えながらやってみると、かなり楽しく遊べます

PART-FOUR　チームプレーができるようになる!

ボールマンになった（ボールを持った）ときの動き方

試合では、練習でできたことしかできない

これまで"考えながらプレーする"という言葉をよく使ってきましたが、実際にできるかといえば、試合では極端に緊張したり、あせりがでてきたりと、いろいろなプレッシャーの中で戦わなければいけないため、考えながらプレーすることはむずかしくなるでしょう。

そういう状態にも関わらず、へたに試合で"考えながらプレーする"ことにこだわると、足が止まったり、カラダの動きにキレがなくなったりしてしまいます。

そこで、練習時にいろいろな状況を作り、考えながらプレーすることが必要になります。「どうやったらうまくできるだろう」と考えて実際に試し、成功したときのパターンを頭の中にいくつも置いておくのです。

こうしておけば試合でも、ボールをもらったときの状況によって"練習でうまくいったプレー"がパッと浮かび、カラダが自然に動くようになります。練習は、この動きのパターンをいく通りも準備しておく作業でもあります。

ただし、ボールを持ったときの約束事が、下のように3つあります。まずは、それらができているかを確認してみましょう。

1 ボールを持ったらゴールを見る

ボールを持ったら、まずシュートを考える。これはミニバスにおける鉄則です。ほんの一瞬でもかまわないので、ゴールを見るクセをつけておくようにしましょう

2 周りを見る

ボールをもらう前から、コートの状況はいつも確認しておいてください。ボールをもらいに動くときは、ボールを持った直後の状況を予想しておきます。そしてボールを持ったら、ゴールを見るとともに状況が予想通りになっているかを確認しましょう

3 あとの行動を決めつけない

よく、ボールをもらう前から「ボールを持ったらこうしよう」と決めつけてしまう人がいます。周りの状況を見て「こうしよう」と思うこと自体は悪くありませんが、決めつけてしまうと、ディフェンスにはばまれたり、味方が思った位置にいなかったりしたときに、体勢の立て直しや再度の状況確認をしなければならなくなるため、あまりいい結果には結びつきません。

ボールをもらったら、頭のギアをニュートラルに入れて、状況に応じてなんでもできる状態にしておきましょう。そして、敵と味方の状況から、練習で準備しておいた"うまくいくプレー"をパッと選んで、サッと行えるようになれば、最高のプレーヤーになれます

成功パターンを準備する練習　　練習のレベル ★〜★★★★★　　　ボールマンの動き方

LEVEL ★★★★★　ワンツータイミング練習

ボールをもらってからの"うまくいくプレー"の選択肢を増やすための練習です。ここで紹介する以外にもいろいろなやり方があるので、チームカラーに合わせてメニューを作るとよいでしょう。

また、このような練習では、ディフェンス役の選手はフェイクにわざと引っかかるように動いてあげましょう。

このように、2対2で中央の人がボールを持った状態からスタートします。パスを受ける人はすばやくもらえるポジションを取り、すぐに「ハイッ！」と呼ぶようにしましょう。

〈パターン1　ボールサイドカット〉
① パスをしながらリングに向かって走ります。走りながらボールを受けてシュート
② すばやくポン、ポンとパスをしないと間に合わないので、パサー（パスを出す人）は注意しましょう

〈パターン2　フェイクからのボールサイドカット〉
① パスをしたら逆方向にフェイクを入れて、ボールサイド（ボールのある側）から前に行きます
② パサーはディフェンスをかわしながらパスを出します

〈パターン3　ブラインドサイドカット〉
① パスを出してディフェンスがパスの動きに釣られたら、逆サイドから抜けましょう。パスを出すときの踏み出しが、走り出しの1歩になります
② パサーは距離があるので、ショルダーパスなど、それに応じたパスを投げるようにしましょう

Coach's EYE　練習のパターンは、いくらでも作れてそれぞれが役に立つ

ひと通り終わったら、今度はディフェンスがパターン1〜3までの動きをアトランダムに行い、オフェンスがそれに合わせて動きます。パスの動きに釣られるようにディフェンスが動いたらパターン3、動かなければ1か2。このようにして、ディフェンスの動きによって何をするかを反射的に行えるようにしておくと、試合で役に立つと思います。

また、この手の練習パターンはいくらでも作ることができるので、試合を見ていて「インサイドが足りなかった！」と思ったときはインサイドでの攻防のパターンを考えて、このような練習をしていくとよいでしょう。

PART-FOUR　チームプレーができるようになる!!

オフボール(ボールを持っていないとき)の動き方①

オフェンス中でさえ、ボールに触れている時間はほとんどない

単純に、試合時間の半分をオフェンス(攻撃)中の時間と考えます。さらに、5人全員ボールに触れている時間が同じだとします。その場合、1人あたり何分間ボールに触れていることになるかを計算してみましょう。

24分(試合時間)÷2(オフェンス時間)÷5人(人数)＝2.4分／人
そう、1人あたり、たったの2.4分しかボールに触れていない計算になるのです。つまり、試合中はオフェンスをしている間でさえ、ほとんどボールに触れていない状態なのです。

したがって、オフェンスの大半を占めるオフボールの時間をどれだけ有効に使えるかが、得点するためのキーポイントとなっているのです。
そこで、まずは"カット"という、パスをもらいに行くための動きを覚えて、自らがチャンスを作りだせるようになりましょう!

■カット4種類■

〈Iカット〉

うしろに下がることでディフェンスとの間を空けて、パスをもらいます。うしろに下がる前に、ちょっと前に動くフェイクを入れることで、より間を空けやすくなります

▲もっとも簡単なカット法ですが、中を中心に守るディフェンスに対しては、これで十分な効果が出てきます

〈Vカット〉

まずは中に入っていきます。当然、相手もこの動きに釣られて中に入ってくるので、ある程度押し込んだら、すばやくうしろに下がります。下がるときは"V"の字になるように、ボール側に向かっていきましょう

▲理想は、この写真くらいに開きを作ること。ポイントは、すばやい切り返し。下がる動きが遅ければ当然、ディフェンスとの間は広がらず、フリーになることはできません

カット
138 ▶ 139

〈Lカット〉

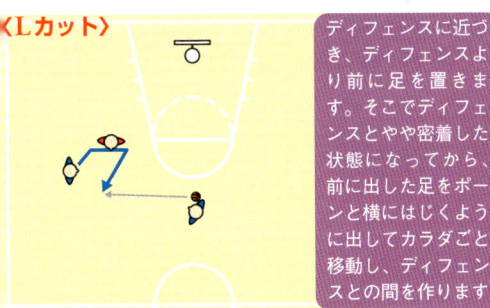

ディフェンスに近づき、ディフェンスより前に足を置きます。そこでディフェンスとやや密着した状態になってから、前に出した足をポーンと横にはじくように出してカラダごと移動し、ディフェンスとの間を作ります

▲相手のレベルが高くなると、IカットやVカットでは間を作ることがむずかしくなります。そこで、やや難易度の高いLカットを覚えておくと、フリーになりやすくなります

〈Lock〉

Lカットの進化系です。基本的な動きは同じですが、前に出るときに「ヨイショッ」とディフェンスの正面に足を置いて、ディフェンスの動きを完全に封じ込めます。台形に近い場所ならそこでボールをもらってもいいですし、Lカットと同じように足を横に振り出して間をあけてもOKです

▲相手の動きを制御してから動くため、これができれば、ディフェンスとの間を容易にあけることができます。とくに、ディナイされているときに有効です

Check Point
Lockの足の動き

■ポストアップ■

敵にお尻を密着させ、足を開いて、相手が自分の前に出て来られないようにします。また、片手は敵が来るのを防ぐため水平に伸ばし、もう片方はパスをもらいたい位置に出します

PART-FOUR　チームプレーができるようになる！！

オフボール（ボールを持っていないとき）の動き方②

"スクリーン"は、味方をフリーにする技術

前のページで、パスをもらいに行くためのカットを紹介しましたが、オフボールのときは、パスをもらうためだけに動くのではなく、味方を助ける動きも行います。そのための技術が、ここで紹介する"スクリーン"です。

簡単にいうと、相手の通り道をふさぐようにして味方をフリーにする技術です。例えば、味方ボールマンについている相手ディフェンスの右側に自分が立ちます。そこで、ボールマンがそちらの方向に移動していけば、ディフェンスは当然、自分がじゃましているので遠回りしてボールマンを追いかけなくてはいけません（下の写真参照）。

つまり、遠回りした分だけ、ボールマンはフリーになる時間を与えられるのです。

このように、味方がフリーになる手助けをするプレーがスクリーンです。これを覚えて味方を助けてあげられれば、シュートに自信がなくても、ドリブルに自信がなくても、チームの役に立つ選手になれるのです。

■スクリーンのかけ方■

1 ディフェンスに気づかれないように近づきます

2 相手の横かうしろにスッと立ちます。そのとき、味方を行かせたい方向に背中を向けましょう
行かせたい方向

3 スクリーンをしてくれた味方の肩に触れるくらい近い場所を通りましょう

4 うまくいけば、長時間フリーになることができます

◀ボールマンに対しても有効ですが、オフボールの味方をスクリーンでフリーにさせると、チャンスは大きく広がるでしょう

スクリーン

■ボールマンに対するスクリーン■

Check Point　スクリーンは、明確な意図をもって行う

スクリーンをするときは、先の展開も考えておきましょう。スクリーンばかりでは、ただ"フリーになってシュート"というプレーしか生まれません。味方ボールマンがシュート力のある選手ならそれでもいいのですが、ドリブルが得意な選手をフリーにするときは、スクリーン後にその人が抜くためのスペースを作ってあげるなど、できる限り、その人が活躍しやすい場を考えながらスクリーンをかけられると、キレイで流れるようなオフェンスができるようになります。

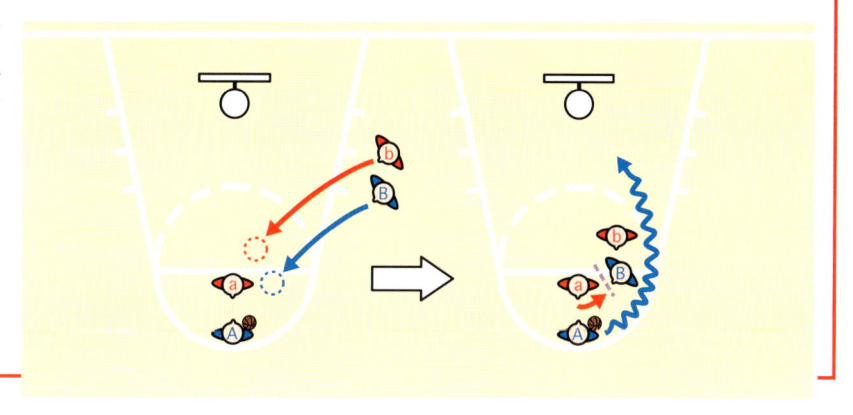

Coach's EYE　イリーガルスクリーンに注意！

スクリーンというのは、ファウルをとられやすい技術でもあります。そこで、どのスクリーンがファウルになるのか知り、反則になりそうなスクリーンをかけている選手がいたら、そのつど指示を出し、直すようにしましょう。

❶スクリーン中は動いてはいけません
❷動いているディフェンスにスクリーンをかけるときは、1歩の間をとった場所で行わなくてはいけません
❸うしろ、または斜めうしろなど、視界の外からスクリーンをかけるときは、カラダ1つ分空けた場所に静止していなければなりません。

ファウルをとられる"イリーガルスクリーン"はこのように定められています。とはいえ、審判によって"動いている状態"の基準は変わってくるので、試合では微調整が必要になってくるでしょう。

PART-FOUR チームプレーができるようになる！

相手チームがスクリーンをかけてきたときは、すばやく声をかけ合って対処

対処法を知らないと、相手は好きなようにしかけてくる

スクリーンができるようになっても、逆にその対処法も知っておかないと、相手がスクリーンをかけてきたときに、何もできないままフリーにさせてしまいます。

地区レベルでも上位のチームになると、ほとんどがスクリーンを使ったオフェンスをしかけてきます。そのときのためにも、ここでスクリーンの対処法をしっかりと覚えておきましょう。

スクリーンへの対処法は4つあります。そのままマークマンが変わらずにディフェンスする"ファイトオーバー"、スクリーナー（スクリーンをしている相手選手）のうしろを通る"スライド"、一度コースチェックをしてから元に戻る"ショウ"、マークマンを入れ替える"スイッチ"です。

スクリーンへの対処法は、ファイトオーバー→スライド→ショウ→スイッチの順に考えましょう。ただし、これはマンツーマンディフェンス（PART-THREEを参照）をしているときに使う技術なので、ゾーンディフェンスを敷いてるチームにはあまり関係ないかもしれません。

■スクリーンへの対処法

＊このページ（142～143ページ）では水色ユニフォーム（チーム）の動きを説明しています。ご注意ください

〈ファイトオーバー〉

スクリーナーの前を通って移動します。できればこの形で対応するようにしてください。写真のように、スクリーナーの足と肩に触れるぐらいの近距離で、1歩大きく踏み込んでついて行きます

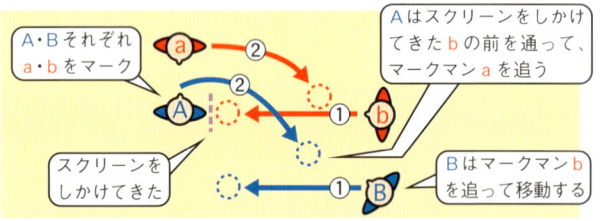

〈スライド〉

スクリーナーのうしろを通って、自分のマークマンを追います。相手のスクリーンがうまい場合でもスライドで対処するようにしましょう。スクリーナーをマークするディフェンスは、1歩下がって通り道を作り、味方の腰を押しながら「スライド！」と声をかけましょう

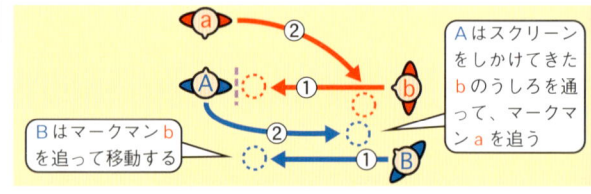

スクリーンへの対処法

〈ショウ〉

　スクリーナーについていた人が一度、フリーになった相手のコースチェックをし、「ショウ！」と声をかけながら、すぐに自分のマークマンにつくようにします。対処法としてはこれが最終段階。次のスイッチまで行ってしまったら、ディフェンスの負けといってもいいでしょう

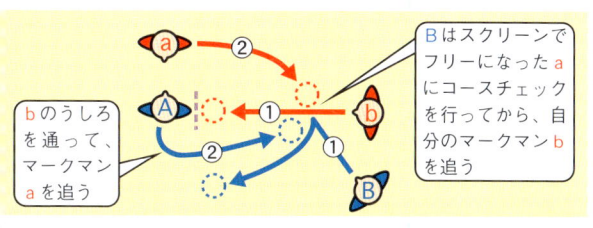

- bのうしろを通って、マークマンaを追う
- Bはスクリーンでフリーになったaにコースチェックを行ってから、自分のマークマンbを追う

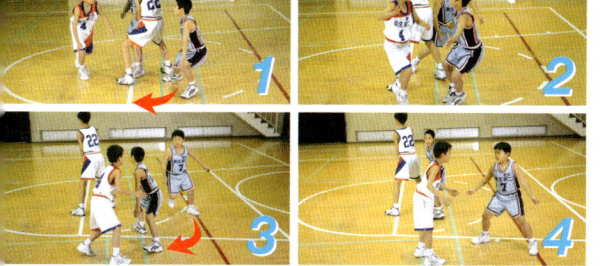

〈スイッチ〉

　マークマンを入れ替えてディフェンスします。基本的にマークマンは身長で決めるので、スイッチしてしまうとどうしても身長差が出てしまいます。オフェンスは身長差のある味方にボールを渡してシュートをすればいいので、簡単にチャンスが作れます。そうならないためにも、極力"ショウ"の段階で対処できるようにしましょう

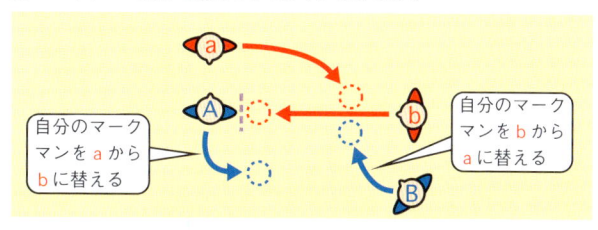

- 自分のマークマンをaからbに替える
- 自分のマークマンをbからaに替える

スクリーンの練習
練習のレベル ★〜★★★★★

LEVEL ★★★★★　スクリーン（攻＆守）

　ここで紹介した動きを実際にひと通り行って、慣れておきましょう。そして、4つの動きができるようになったら、3対3や5対5の練習のときに積極的にスクリーンを試して、試合で使えるように経験を積んでおきましょう。

▲スイッチによって身長差が出ると、このように簡単にシュートを打たれてしまいます

■Check Point■
声かけ＆指示をすばやく的確に

　スクリーンをかけられた味方選手は状況がわかりません。そこで、スクリーナーをマークしている人が「スクリーン！」とすばやくスクリーンをかけられたことを伝えて、ファイトオーバーやスライドでは間に合わないと判断したときは、「ショウ！」とその対処法も指示するようにしてください。そして、「スクリーン！」と言われたほうの人は、ファイトオーバーで対処できたらファイトオーバーで、できなければスライドで対処しましょう

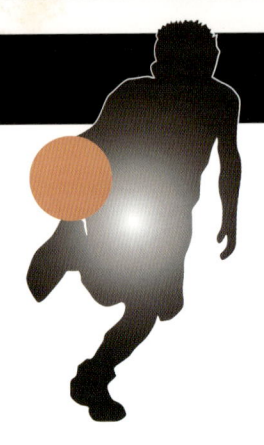

LEVEL-UP TRAINING

チームプレーができるようになるための応用トレーニング②

LEVEL ★★★★★ 1対1（総合練習）

　ふつう、1対1というと、オフェンスの選手がボールを持ち、ディフェンスの選手と正対した状態から始めると思いがちです。お互いのスキル（技術のうまさ）を競い合うときにはそれでもいいかもしれませんが、実際の試合中に、止まった状態から1対1の状況が起こるか？　といえば、ほとんど起こりません。いや、オフェンスについていえば、起こってはいけないことなのです。

　なぜならば、足が止まった状態で正対すれば、動き出しは遅くなりますし、ディフェンスにとっては五分五分の条件で動けるようになるため、動きながらボールをもらったメリットがすべて消えてしまうからです。

　では"試合を想定した1対1"とはどういうものかといえば、答えは簡単で、パスを受けるところから始めれば

いいのです。138ページで紹介したカット技術を使ってパスを受け、そこからディフェンスの状況を判断したうえでドリブルやピボットなどの技術を使ってシュートにもっていきます。

　ですから、1対1を行うときは極力、パサー（パスを出す役）をつけるようにしてください。

Another variation　2対2

　これも1対1と同様です。パサーを1人つけた状態で行うといいでしょう。

練習のレベル ★〜★★★★★　　チームプレーの練習

LEVEL ★★★★★ 3対3（総合練習）

　よく見かけるのが、トップに1人、両サイドに2人と、まるでストリートバスケのようなスタイルの3対3ですが、ミニバスの練習としては実戦的とはいえません。みなさんは大人に比べて筋力が弱いので、ワンパスで逆サイドに送るということはあまり起こりません。

　そこで、3対3は、コートの1/4、つまり"フロントコートの半分"で行うようにしましょう。センターとトップ、45度（フォワード）にそれぞれ1人ずつ配置して、より実戦的な3対3を行いましょう。

LEVEL ★★★★★ 1対2（ドリブル練習）

　練習は、試合を想定して行うことが必要ですが、もう1つ、試合以上にきついプレッシャーを受ける中で行って試合はラクにこなす、というのも大きなポイントになります。その代表的なものがこの1対2のドリブル練習です。

　ダブルチーム（オフェンス1人に2人のディフェンスをつけること）の状態でドリブルしながらゴールをねらいます。かなり厳しいシチュエーションですが、実際の試合でも、ボールマンに対してダブルチームに行かせることはよくあります。試合なら"パス"という選択肢も当然ありますが、練習ではその選択肢をなくし、ドリブル技術を高めることに特化してみるといいでしょう。

　なにしろ、ミニバス世代のみなさんは、ドリブル技術の伸びが圧倒的に大きいのです。この機会を逃さずにドリブル技術を習得しておきましょう。

この練習は、オールコートで行います。力強いドリブルで2人のディフェンスを抜いて、シュートを目ざしましょう

PART-FOUR　チームプレーができるようになる!

速攻は、最大の得点チャンスだ ～ファーストブレイク①

敵がもどるよりも速く攻めろ!!

みなさんの技術のうまさや成長の度合いによって、チームの戦術はいろいろと変わってきます。でも、どんなチームにとっても「これだけは覚えておいたほうがよい」という戦術が1つだけあります。それが、ここで紹介する"ファーストブレイク（速攻）"です。

簡単に言えば、敵がもどるよりも速く攻めるだけのことですが"速く攻め入るための形"をしっかり作っておくことで、より速く、より確実に得点することができるのです。

そこで、まずはパスアウトからミドルマンまでの形をしっかりと作り、そのあとで3メンからの攻め方を覚えていきましょう。

■速攻の流れ：パスアウト→ミドルマン■

- Cがリバウンドを取りに行きます
- Dがシュート（ボールに当てます）
- サイドを走り出します
- ボールをもらいにサイドへ
- 一度中に入って、パスをもらうための間を作ります
- 3人を追います
- すぐにBにパスを出して、サイドを走ります
- パスを受けてドリブルで運びます

パスアウトとは、リバウンドをキャッチしてからサイドにパスを送ること。ミドルマンとは、コートの中央からボールを運ぶ役の人のことです。

パスアウト→ミドルマンという流れが、速攻の基盤を作ります。この流れがすばやくできないと、せっかくのチャンスも台無しになってしまいます。まずはボールの流れをしっかりと覚えて、自分の役割を間違えないように動きましょう

リバウンドを取ったら、すぐにパスアウトして走り出します。また、味方がリバウンドを取った瞬間に、外側にいた選手は「自分がパスをもらいに行くか、ミドルマンになるか」を判断し、構えておきます

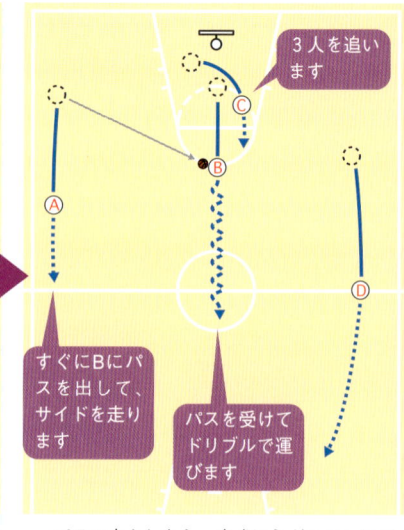

パスアウトしたら、すぐにミドルマンにパスを出し、速攻をスタートさせます。ミドルマンにボールを渡すまでの時間が短ければ短いほど、得点チャンスにつながりますので、徹底的に練習をくり返して、この流れを覚えておくといいでしょう

ファーストブレイク（速攻）
146 ▶ 147

LEVEL-UP TRAINING
速攻は、最大の得点チャンスだ〜ファーストブレイク①

LEVEL ★★★★★ パスアウト→ミドルマンの練習

4人参加で、パスアウトからミドルマンまでの動きを練習します。走るコースやタイミングを大切にしましょう。速攻の基盤となる大事な動きなので、ミドルマンまでの流れが理解できるまで、くり返しやっておきましょう。ハーフコートで4回くり返し、4回目にオールコートでシュートへ走ります。

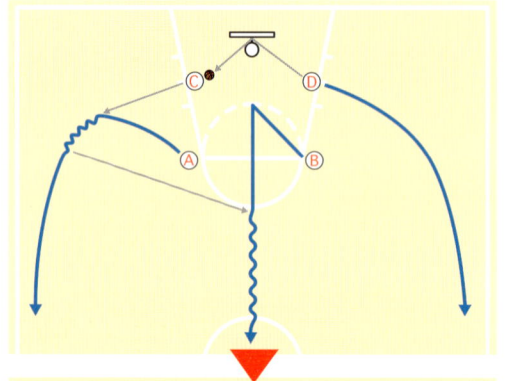

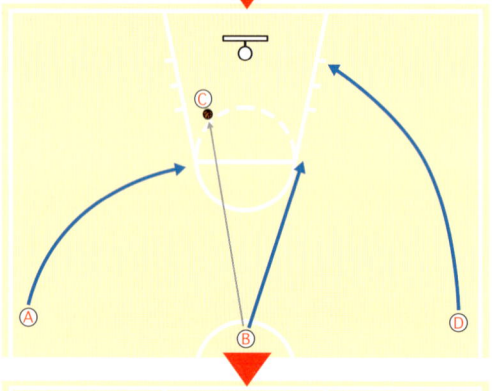

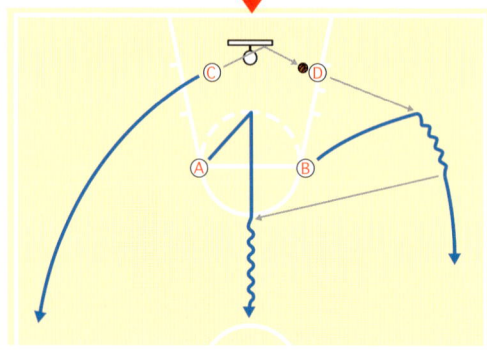

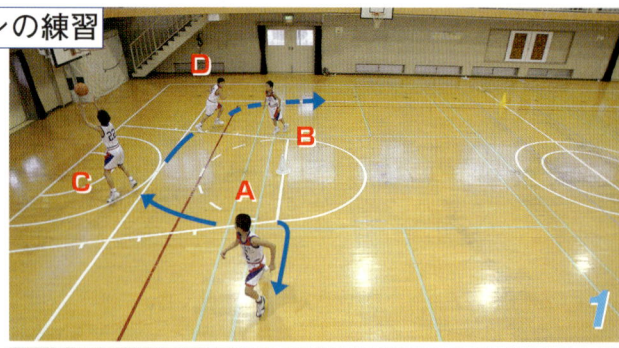

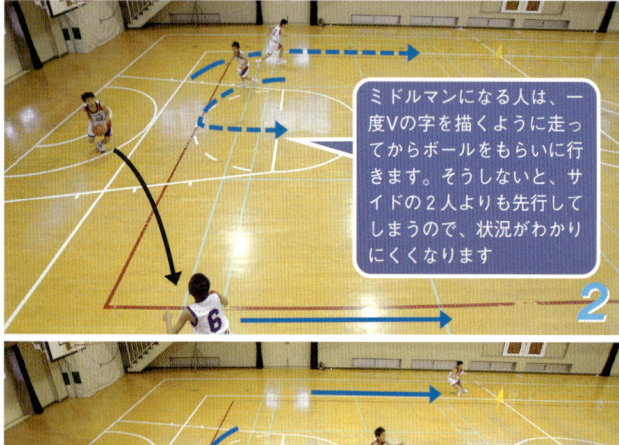

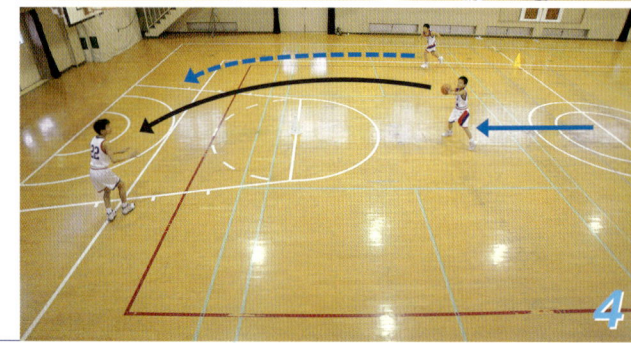

1

2 ミドルマンになる人は、一度Vの字を描くように走ってからボールをもらいに行きます。そうしないと、サイドの2人よりも先行してしまうので、状況がわかりにくくなります

3 センターラインを越えるあたりまで走ったらターンして、リバウンド→パスアウト→ミドルマンの流れをくり返します

4

練習のレベル ★〜★★★★★

ファーストブレイク(速攻)
148 ▶ 149

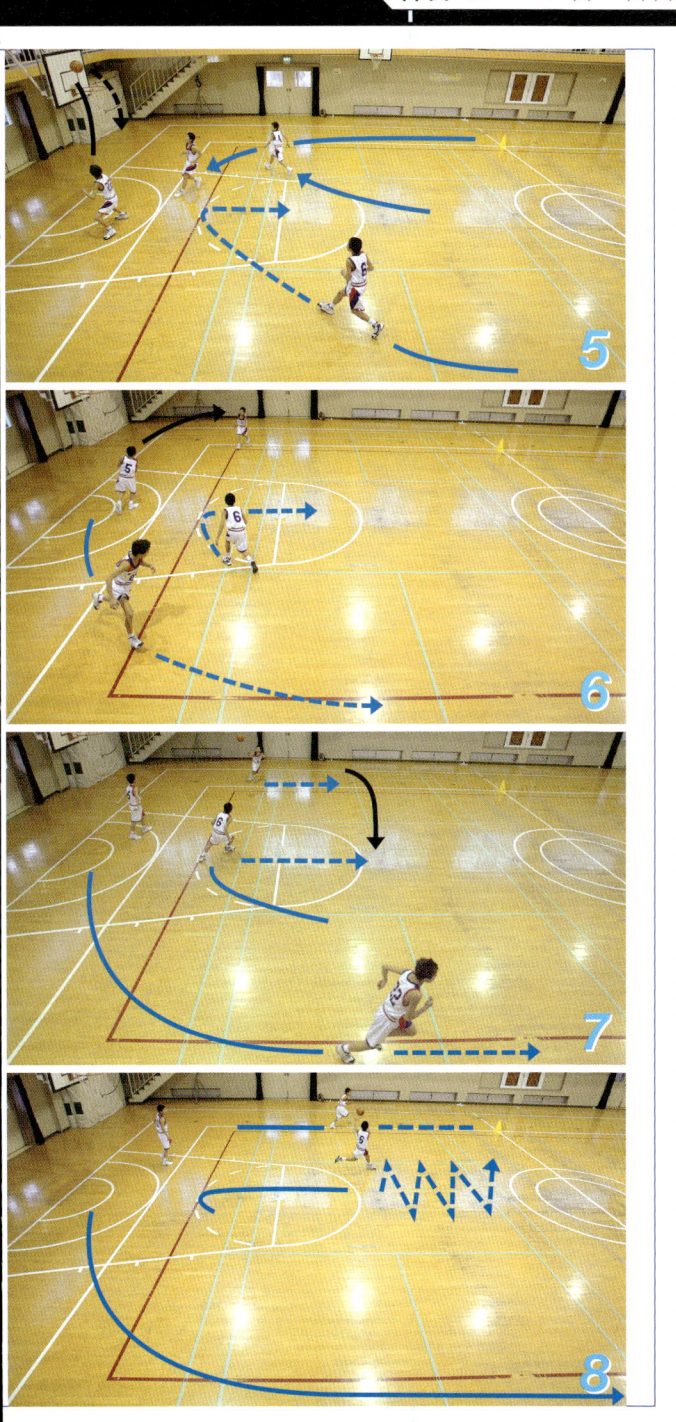

Check Point　コートを広く使う

　速攻をするとき、サイドを上がる選手は、なるべくサイドラインの近くを通るようにしましょう。中央に寄りながら走ると、相手ディフェンスは守りやすくなってしまいます。そこで、練習のときは写真のようにぞうきんなどの目印を置いて、それより外側を通るようにします。
　同様に、ミドルマンもしっかりとVカットを行う意識をもつために、自陣フリースロー内に目印を置くといいでしょう。

目印を置く

PART-FOUR チームプレーができるようになる!!

得意なシュートパターンをいくつか用意しておこう〜ファーストブレイク②

相手のディフェンスの状況によって切り替える

"ミドルマンにボールが渡るまで"がわかったら、今度は"シュートに行くまで"のパターンを作っておきましょう。

相手ディフェンスが2人しか戻っていなければ、こちらは、ミドルマンの練習を見ればわかるとおり3人で攻めあがっているので、1人はフリーになっているはずです。フリーの味方にパスをすれば、簡単にシュートまで行けるでしょう。

しかし、ディフェンスが3人戻ってきた場合は、こちらも3人のままでは速攻が成立しません。そのときは、4人目を使った速攻パターンに切り替えましょう。

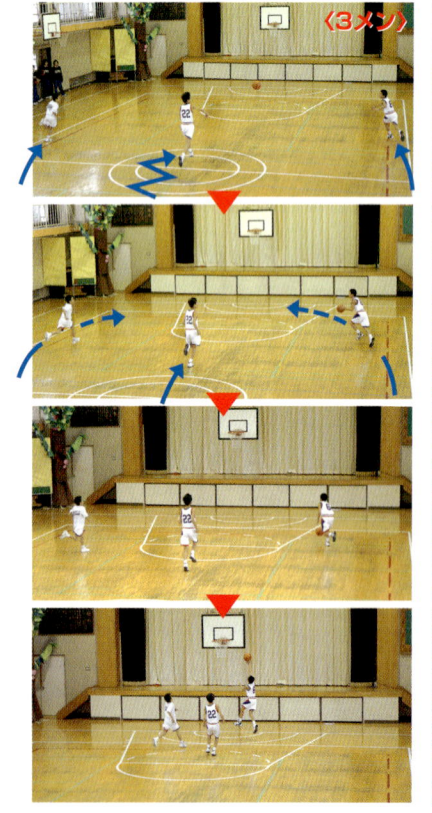

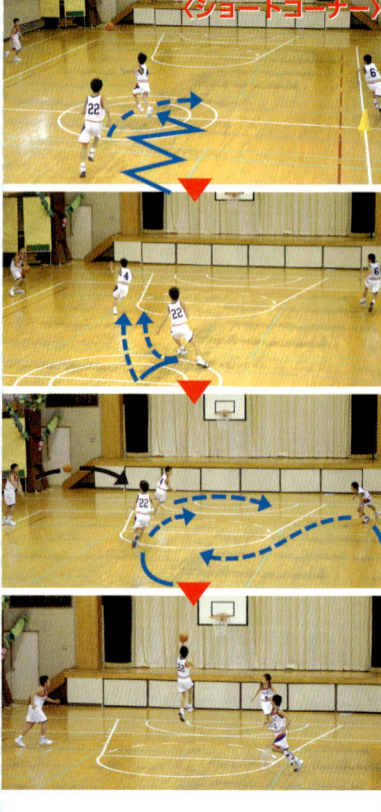

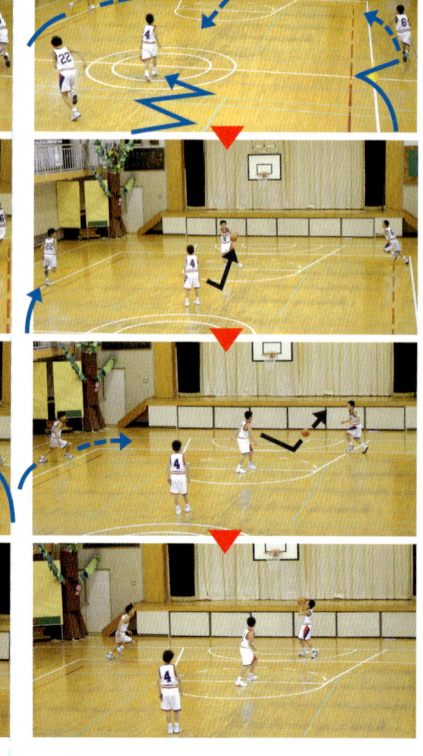

〈3メン〉　〈ショートコーナー〉　〈バックドア〉

速攻の練習

練習のレベル ★〜★★★★★

ファーストブレイク（速攻）

LEVEL ★★★★★ パスアウトからシュートまで

〈3メン〉

ミドルマンまでの動きは147ページで紹介した練習のとおりです。このパターンでは、そのままサイドにボールを出してシュートに行きます。

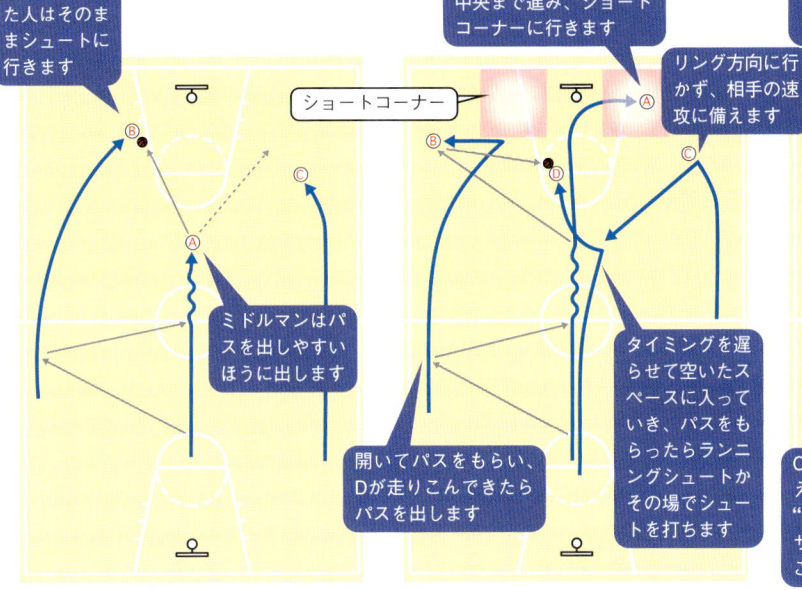

> パスをもらった人はそのままシュートに行きます

> ミドルマンはパスを出しやすいほうに出します

〈ショートコーナー〉

4人目を使った動きです。相手が3人戻ってきてしまったときに、このパターンを使いましょう。

> ミドルマンは、サイドにパスを出したらそのまま中央まで進み、ショートコーナーに行きます

> リング方向に行かず、相手の速攻に備えます

> タイミングを遅らせて空いたスペースに入っていき、パスをもらったらランニングシュートかその場でシュートを打ちます

> 開いてパスをもらい、Dが走りこんできたらパスを出します

〈バックドア〉

バックドア（Bの動き）でボールを受けやすくし、そのまま逆サイドにボールを流します。

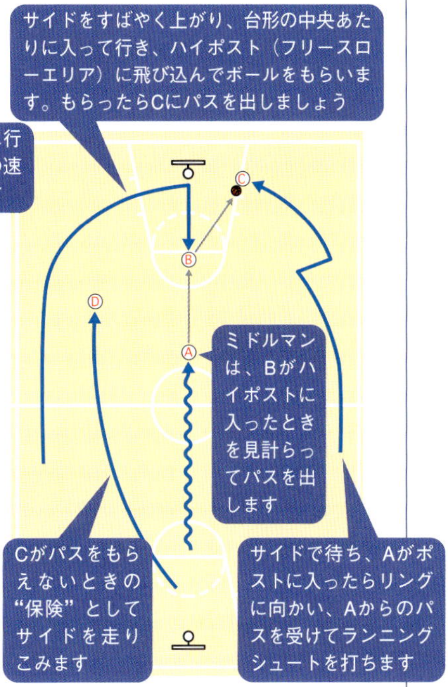

> サイドをすばやく上がり、台形の中央あたりに入って行き、ハイポスト（フリースローエリア）に飛び込んでボールをもらいます。もらったらCにパスを出しましょう

> ミドルマンは、Bがハイポストに入ったときを見計らってパスを出します

> Cがパスをもらえないときの"保険"としてサイドを走りこみます

> サイドで待ち、Aがポストに入ったらリングに向かい、Aからのパスを受けてランニングシュートを打ちます

LEVEL ★★★★★ 3メンから1対2

3人で"リバウンドからの速攻"の形を作り、シュートまで行ったら、帰りはボールを持った人がオフェンスに、残りの2人がディフェンスとなって1対2を行います。

ほかに、シュートを打った人がディフェンスとなって、残りの2人がオフェンスとなる"2対1"のパターンもありますが、実際の試合では、2人で速攻を行うことはまずありません。1対2で、オフェンス役はドリブルの能力を、ディフェンス役はダブルチームのディフェンスを、身につけさせたほうがいいでしょう。

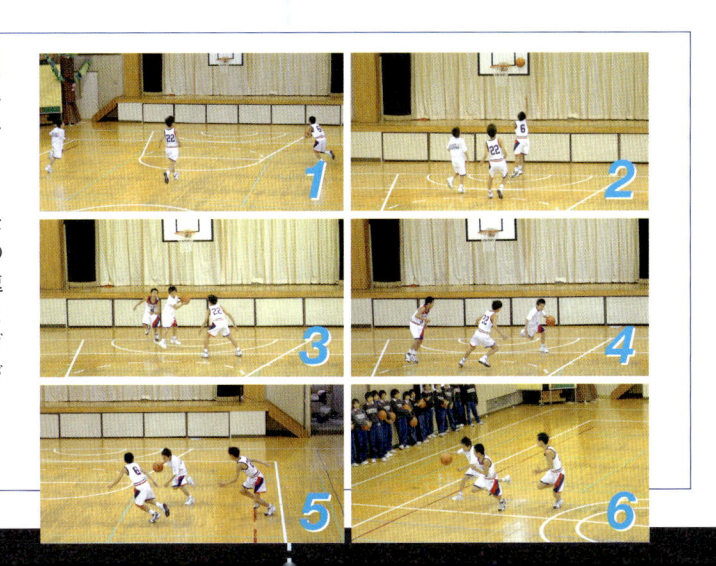

PART-FOUR　チームプレーができるようになる！

それぞれの役割を知り、マンツーマンを覚えよう！

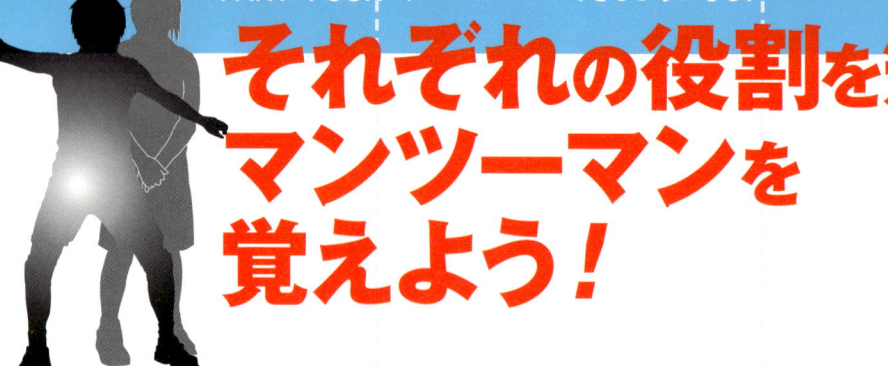

マイマンを自由にプレーさせないように守る

PART-THREEで紹介したのは、ボールマンに対するディフェンス方法とそこで使う技術であり、チームでディフェンスを行う場合は「オフボールの相手に対してどう守るのか」も重要になってきます。

そこで、ここではディフェンスのシステムの基本である"マンツーマンディフェンス"を紹介します。

マンツーマンディフェンスとは、あらかじめマイマン（自分がマークする相手）を決め、その相手を自由にプレーさせないように守ることです。

といっても、マイマンがボールを持っていないときからベッタリくっついて守っていると、相手がカット技術（138ページ参照）を使ってきたときに簡単にフリーにさせてしまうので、ボールと相手の位置を考えて自分の立ち位置を変える必要があります。

■1、2、3番、それぞれの役割を考えて動く■

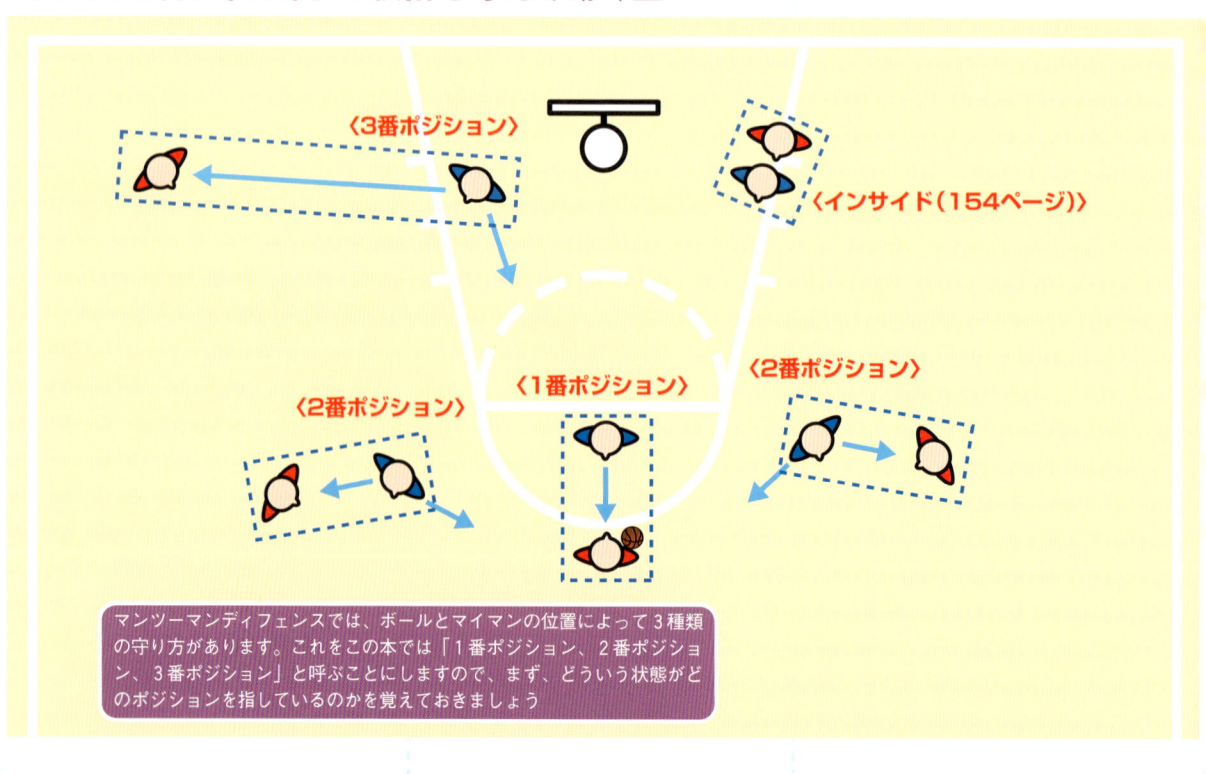

〈3番ポジション〉　〈インサイド（154ページ）〉

〈2番ポジション〉　〈1番ポジション〉　〈2番ポジション〉

マンツーマンディフェンスでは、ボールとマイマンの位置によって3種類の守り方があります。これをこの本では「1番ポジション、2番ポジション、3番ポジション」と呼ぶことにしますので、まず、どういう状態がどのポジションを指しているのかを覚えておきましょう。

マンツーマンディフェンス

〈1番ポジション〉

ボールマンに対するディフェンスです。手を前に出して簡単にはチェンジができないようにし、もう一方の手はコースをさえぎるために広げます。だいたい1歩の距離を置いて写真のような体勢を作り、ボールに対する集中を切らさないようにします。PART-THREEで紹介したスティールやシュートチェックなどの技術を使い、相手のやりたいことをさせないように守りましょう。

〈2番ポジション〉

イラストにあるように、ボールマンの近くで、パスがもらいやすい場所にいる選手に対してディフェンスをします。

ボールマンに対するディフェンスはボールマンのみに集中しますが、2番と3番はボールマンとマイマンの両方を注意します。

2番ポジションでは"簡単にパスを通さないこと"にもっとも気をつけます。相手もパスをもらうためにカット技術を使ってくるので、スライドステップで重心を動かさずに移動して、それに対応するようにしましょう。

マークする位置は、ボールマンから1歩うしろに離れて、ボールサイドをドリブルで抜いてきたときに寄れるよう、カラダ1つ分ボールのほうに移動しましょう。「パスが来るぞ」と少しでも思ったら、写真のように"ディナイ"（パスコースに手を入れること）で簡単にパスを出せないような形を作りましょう。

〈3番ポジション〉

ボールマンから離れていて、だれかを経由しないとパスがもらえないような位置にいる相手をディフェンスするときに行うのが3番ポジションです。

ゴールを背にして、ボールマンとマイマンの両方が視界に入る位置まで下がり、両方の動きをしっかりと見るようにします。ボールマンの動きさえ見ておけば、マイマンにいきなりパスが通ってもパスカットに行けますし、パスが通ってもすぐに対応できます。

また、1番ポジションの味方が抜かれてしまったときに、すばやくヘルプに行くのも大事な仕事です。

〈1番ポジション〉

〈3番ポジション〉

◀ボールマンに対するディフェンスは"相手をよく見る"ことから始まります。ドリブル突破をよくしかけてくるならそれに備えてやや離れて守ることになりますし、ドリブルが苦手で抜かれる心配がなければ近づいて守ります。相手のレベルとクセを見抜いて微調整しましょう

〈2番ポジション〉

▲パスを簡単に受けさせないのが第一。そこで、必要になるのがディナイです。手をボールとマイマンの間に入れて、手のひらをボールのほうに向け、パスコースをふさぎます

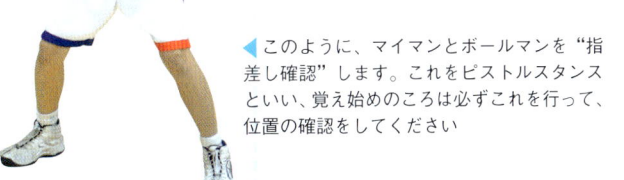

◀このように、マイマンとボールマンを"指差し確認"します。これをピストルスタンスといい、覚え始めのころは必ずこれを行って、位置の確認をしてください

PART-FOUR　チームプレーができるようになる！
それぞれの役割を知り、マンツーマンを覚えよう！

〈インサイド〉

台形の近くにいるプレーヤーに対して行うディフェンスです。

前ページのイラストのように、トップにボールがあるときは3番ポジションの位置になりますが、ここに相手が立っているときにピストルスタンスをすると、もしパスが通った場合、相手はサッと振り向いて、簡単にシュートを入れてしまうでしょう。なので、台形のラインあたりに陣取っている相手に対してはこっちもピッタリとくっついて、パスを入れさせないようにするのが第一です。

▲カラダはボールマンに向けておきましょう。腕や背中で相手の位置を知り、その動きに対応します

■SKILL UP　想像上のラインを引く

マンツーマンディフェンスをするときは、マイマンとボールマンとの間に頭の中でラインを引いてください。2番ポジションの人はこのラインに片足を置くようにして守りましょう。3番ポジションでも、このラインを考えておくと、パスが渡ったときにすばやく位置取りができるようになります。

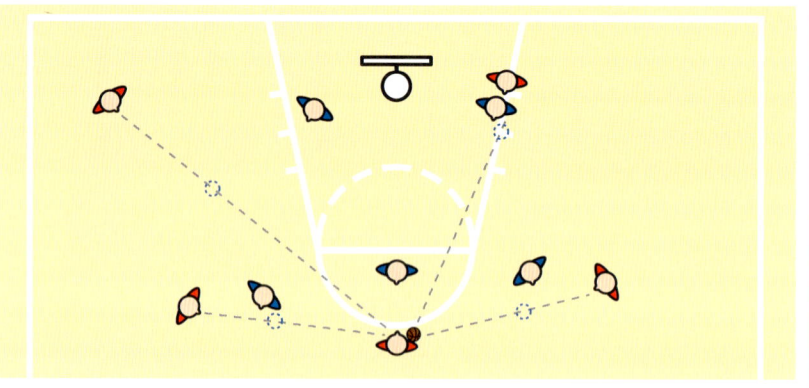

Coach's EYE　いつから教えるか

その選手のミニバス歴によって変わってきますが、5～6年生なら簡単に理解してくれると思います。

ただし、いきなり教えるのではなく、始めは"マイマンをマークする"ことだけを教え、ある程度バスケットがわかってきた時点で教えるとより理解しやすいでしょう。

しかし、それだけではディフェンスのためにフルコートを必死に駆け回ることになるので、ボールライン（ボールのある場所の横軸）の意識だけはもたせて、そのボールラインからディフェンスすれば十分なことも伝えておきましょう。

チームディフェンスの練習

練習のレベル ★〜★★★★★

マンツーマンディフェンス

LEVEL ★★★★★ シェルディフェンス

ここで紹介している、ボールと自分と相手の関係を考えて動く守備を"シェルディフェンス"といいます。最初は「理解はできてもカラダがなかなか対応できない」ということもあるので、この練習で1〜3番それぞれのポジションを、頭とカラダ覚えていきましょう。

まず、トップにある状態からスタートします。オフェンス側は自由にパスをします。ディフェンスは、ボールマンに着くときは「1」と言いながら移動、2番ポジションなら「2」と言いながら移動と、しっかり自分のつくポジションを声に出して言いながら移動します。

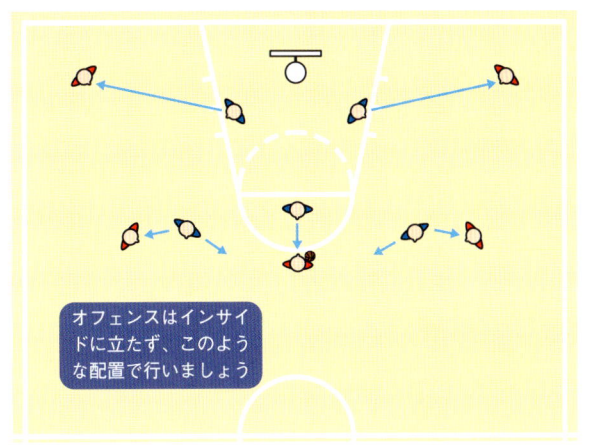

オフェンスはインサイドに立たず、このような配置で行いましょう

声を出しながら移動します

オフェンスは近い位置だけでなく、遠い場所にもパスを出しましょう

5人がアウトサイドにいる状態に慣れたら、オフェンスはドリブルとシュートなしでパス回しを行います。オフェンスが動くことによって、このシステムがどのように機能していくのかをダイレクトに理解することができます

Coach's EYE 最初は確認しながら

まずは指導者の合図でパスを出し、ディフェンスが移動するようにします。全員がしっかりポジションできていることを確認して、再び指導者の合図でパスを出し、次のポジションへ移動させます。

このように1回ずつ確認しながら、選手の理解度を上げていくといいでしょう。

PART-FOUR　チームプレーができるようになる！

ミニバスでは、ゾーンディフェンスを教える必要はない

ゾーンディフェンスの破り方は覚えておこう

ディフェンスには、人をマークする"マンツーマン"と、もう1つ、決められた場所を守る"ゾーン"というシステムがあります。

ここでは、ゾーンディフェンスの破り方を紹介していきます。

■ゾーンディフェンス攻略法■

〈速く攻める〉

ゾーンに対するもっとも有効な手段です。ゾーンは自分の決められた範囲を守るというシステムなので、2〜3人でゾーンを作ったとしても"穴"だらけで機能しません。

そこで、得点されたら→すぐにパスを出してゲームを再開→すぐに走る→すぐに前にパスを出す→パスを出したら走る、というようなすばやいリズムで攻めれば、得点しやすくなります。そのために"リードパスの練習"や、攻守の切り替えがすばやくできるようになる"速攻からの2対1"などを多めにやっておくとよいでしょう

〈アウトサイドシュートの成功率を上げる〉

ハーフコートのゾーンディフェンス（自陣のみでゾーンを展開する）をしているチームに有効な手段です。ゾーンはインサイドに強い反面、アウトサイドに弱い部分があります。そこで、ふだんの練習からアウトサイドシュートの成功率を上げるようにしておけば、ディフェンスは広がらざるを得なくなり、そうなると今度は中に切り込んでいくのもラクになります

ゾーンディフェンスの破り方

《各ゾーンの間に立つ》

ゾーンは決められた場所を守るため、ディフェンスとディフェンスの間はどうしても防御力が低くなってしまいます。そこで、ハーフコートのゾーンでもオールコートのゾーンでも、とにかくディフェンスの間に立つように構えるのです。ゾーンディフェンスでは、1人が大きく動くと必ずどこかにスペースができるので、そのスペースに走りこんでしまえば、チャンスが生まれます。

間に立つ→間から攻める→スペースが生まれる→そこを攻める→相手がそのスペースを埋めに来たら→またどこかにスペースが生まれるのでそこに入る。これをくり返していけば、フリーでアウトサイドシュートを打つチャンスが生まれるでしょう

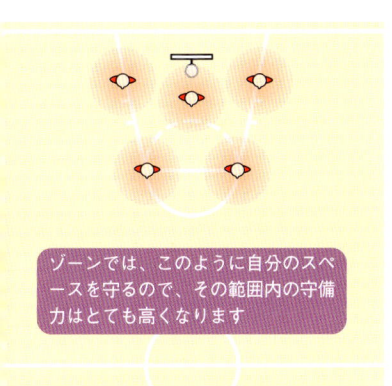

ゾーンでは、このように自分のスペースを守るので、その範囲内の守備力はとても高くなります

そこで、各ゾーンの間に立ち、ここから攻め立てていきます

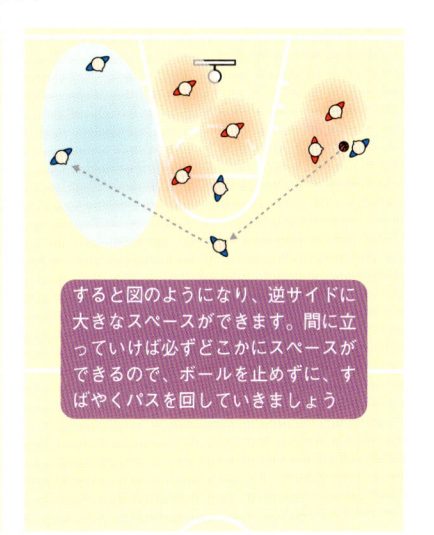

すると図のようになり、逆サイドに大きなスペースができます。間に立っていけば必ずどこかにスペースができるので、ボールを止めずに、すばやくパスを回していきましょう

Coach's EYE ゾーンを教えることのマイナス要因とは？

本書でゾーンディフェンスの方法を取り上げないのは、小学生に教える必要はないと考えているからです（そのため、ゾーンディフェンスの攻め方のみを説明します）。

ゾーンが"勝つため"にはとても有効な手段だということはわかります。例えば170cm台後半の選手を集めてゾーンを敷かせれば、3ポイントがなく、さらに筋力の弱い小学生では力強いパスでのサイドチェンジがむずかしく、さらに、大きいという威圧感を大人以上に感じてしまうものですから、簡単に勝てるでしょう。

しかし、ゾーンの基本もマンツーマンディフェンスにあるのです。中学、高校とバスケットを続けていれば、ゾーンをしているチームでも"マイマンとボールマンのラインを踏む""相手の出方によってすばやく対応する"といったマンツーマンでこそ身につく技術が必要になってきます。

それにも関わらず、ミニバスでゾーンだけを教えると、一度染みついた「自分の範囲さえ守ればいい」というゾーンディフェンスのリズムができあがってしまいます。ミニバス経験のある選手に中・高でマンツーマンを教えようとしても、初心者以上に覚えが悪いという事例はよくあることです。実際に、コーチたちの悩みの種にさえなっているのです。

本書のINTRODUCTIONでも触れましたが、バスケットはミニバスだけで終わるものではありません。多くの選手が中高とバスケットを続けていく、その入門編となるのがミニバスです。

確かに"試合に勝つ喜びを与える"ことも重要かもしれませんが、成長期を経てどのように変貌するかわからない選手に対して、基本をおろそかにするような教え方は、何よりも選手のためになりません。

また、マンツーマンは相手の動きを読むディフェンスなのに対し、ゾーンは「ここにボールが来たらこう動く」という理屈で説明できるタイプのディフェンスです。したがって、マンツーマンができる選手ならばゾーンを覚えることはむずかしくありません。ですから、どうしても勝たなければならないようなプレッシャーのかかった状況にあるなら、マンツーマンを覚えさせたあとでゾーンも戦略の1つとして教えるという方法を取ればよいと思います。

LEVEL-UP TRAINING
ゾーンディフェンスの練習

LEVEL ★〜★★★★　実戦練習5対5

　数々の練習で身につけた技術を試す場が、5対5の実戦練習です。"どうすれば技術を有効に使えるか"を考えながら動き、成功したときは、そのときの感覚をカラダで覚えておきましょう。

Coach's EYE　問題がある場合は、その場で指導する

　選手たちの動きを見ながら逐一指示を出しましょう。個人的な技術の問題についてはその場で伝え、チームの動き方が違っているのなら、一度練習を止めて「このときはこう動かないとチャンスにならない」と伝えましょう。
　5対5はゲーム形式ではありますが、ゲームではありません。練習であることを意識して、状況に見合った指導を忘れないようにしましょう。
　とはいえ、あまり試合を止めすぎても選手たちの士気に関わるので、そのあたりの"さじ加減"はしっかりと見定めてください。

LEVEL ★★★★　オールコートゾーン対応練習

〈パターン❶　対2-1-2〉

　オールコートでのゾーンプレスを取り入れているチームが多いものです。そこで、代表的なゾーンのパターンとそれらを破る方法を覚えておきましょう。
　最初は、相手が"2-1-2"のゾーンディフェンスをしてきたときの攻め方です。

▶Aは、Bにスローインしたらリターンパスをもらい、パスコースを探す。ダブルチームに来られることもあり、ロングパスをする局面も多いので、Aの役目は肩が強くドリブルがうまい選手が行いましょう。

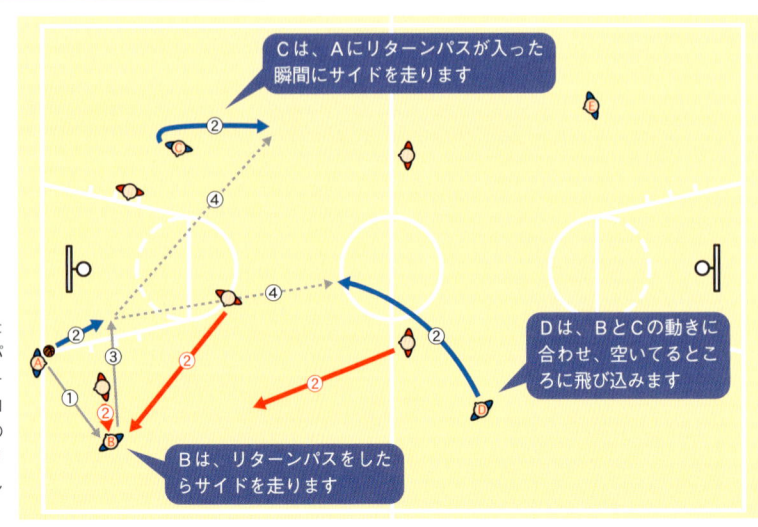

Cは、Aにリターンパスが入った瞬間にサイドを走ります

Dは、BとCの動きに合わせ、空いてるところに飛び込みます

Bは、リターンパスをしたらサイドを走ります

練習のレベル ★〜★★★★★

ゾーンディフェンスの破り方

〈パターン❷ 対3-1-1〉

相手が"3-1-1"のゾーンディフェンスをしてきたときの攻め方です。センター陣は、あいているスペースでボールをミートすることを心がけましょう。

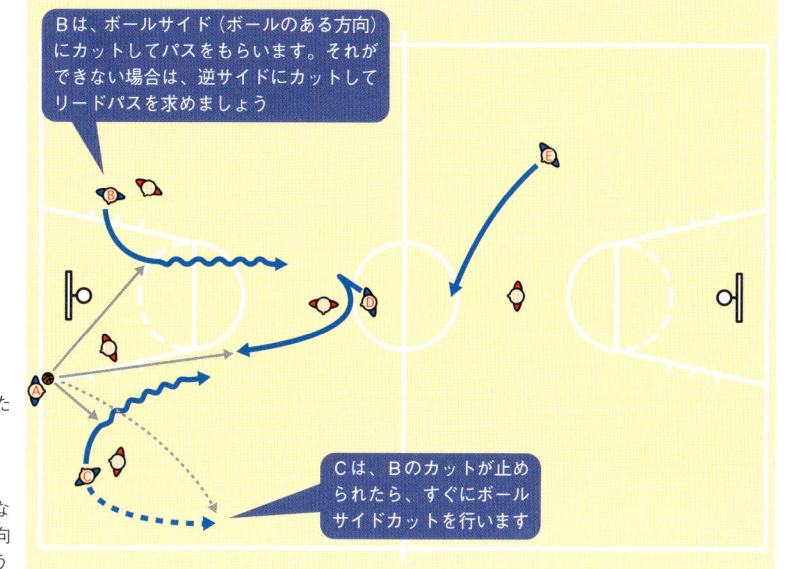

Bは、ボールサイド（ボールのある方向）にカットしてパスをもらいます。それができない場合は、逆サイドにカットしてリードパスを求めましょう。

▶Aは、パスを出したら前方へ走ります

Dは、BとCが無理なら、すぐにボールに向かって移動しましょう

Cは、Bのカットが止められたら、すぐにボールサイドカットを行います

Another variation　5人で攻める

5人とも自陣でボールをもらうように準備します。パスが通ったら、ほかの選手は一気にゴールに向かって走りましょう。"センターサークルがリンク"と仮定して、攻めに入ります。

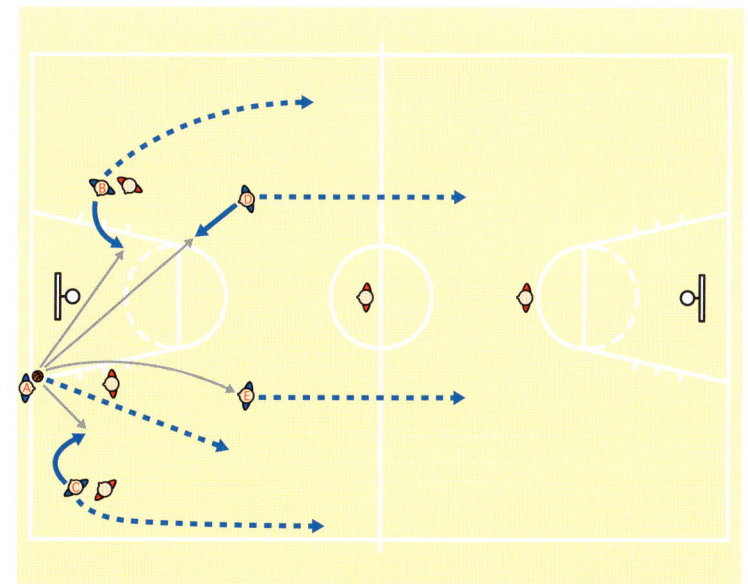

▶Aは、パスを出したら前方へ走ります

PART-FIVE

　ここからは指導者に向けて、チーム練習のメニュー作成法やCoach's EYEに入りきらなかった指導方法を紹介していきます。
　現在、指導をされている先生方は、独自の練習メニューを持っていると思います。そのメニューに、本書で扱っている練習法で「効果がありそうだな」と思ったものを加えてください。練習メニューは、それこそ無数にあります。本書のような実用書や雑誌、インターネット上のサイトなどからなるべく多くの情報を入手し、練習の選択肢を増やして、選手たちを飽きさせないメニュー作りをしましょう。
　指導法は、指導者の考えや経験、知識などによりいろいろ変わってくるため、一概に「これが正しい」といえるものはありません。ただし、現代の子どもたちの性格やミニバスの目的という観点から考え出した"正しい指導法のうちの1つ"なら紹介することができると考え、このようなページを用意いたしました。

選手たちや

チームをうまく導く

PART-FIVE　選手たちやチームをうまく導く

練習の流れは、基礎練習 →ドリル→5対5が基本

練習メニューの作り方

練習はウォーミングアップ（準備運動とストレッチ）で始まり、毎回行うフットワークと、対面パスやランニングシュートなどの基礎練習、そして、チームの状況に応じて変える各種ドリル、最後に5対5などの実戦練習、という流れで行うのが一般的です。

割合としては、練習時間の3分の1をフットワークと基礎練習に費やし、3分の1を各種ドリルに、残りをウォーミングアップやクーリングダウン、5対5の練習、体育館の掃除に充てるが一般的です。

ただし、例えば「試合が近いのでどうしてもそれまでにスクリーンを学ばせたい」と思っている場合は5対5を行わないでスクリーンのドリルに費やすなど、チームの状況によって変えていきましょう。

また、子どもたちにとって、きちんとした挨拶ができるようになることは練習以上に大切なことです。体育館に入ったときには「よろしくお願いします」、出るときには「ありがとうございました」──この掛け声は必ず行うようにしてください。

ウォーミングアップ

選手たちが集まり始めたら体育館の雑巾がけをし、全員そろったら、まずは軽いランニングでカラダを暖めます。そのあとでウォーミングアップを行い、筋肉をほぐします。とくに冬場は、軽くカラダを動かす程度ではすぐに筋肉がかたくなってしまいます。子どもたちは少しでも汗をかくとジャージを脱ぎたがるものですが、脱がないで行うように、気をつけて見てあげてください。

ウォーミングアップはケガを防止するだけでなく、パフォーマンスの向上にもなるので、必ず行いましょう。

1 大きく両腕回し

2 カラダの側面伸ばし

3 前後屈

4 カラダの回旋（左右）

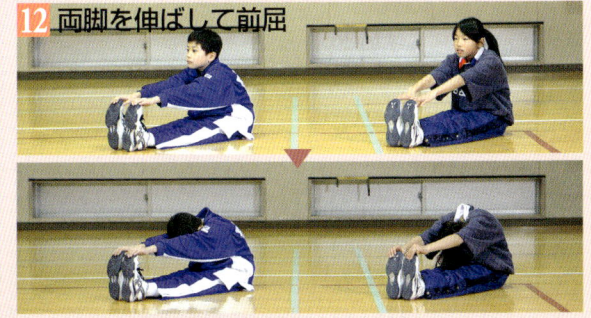

練習の流れ
162 ▶ 163

5 屈伸

6 伸脚（浅く、左右）

7 伸脚（深く、左右）

8 アキレス腱伸ばし（左右）

9 太ももの裏面伸ばし（左右）

10 二の腕伸ばし（左右）

11 太ももの表面伸ばし（左右）

12 両脚を伸ばして前屈

13 開脚して体側伸ばし（左右）

PART-FIVE　選手たちやチームをうまく導く
練習の流れは、基礎練習→ドリル→5対5が基本

14 股関節伸ばし

15 太ももの外面伸ばし（左右）

16 腰ひねり（左右）

17 カラダ伸ばし

18 カラダひねり（左右）

19 太ももの前面伸ばし（左右）

20 太ももの裏面伸ばし（左右）

21 寝ての腰ひねり（左右）

練習の流れ
164 ▶ 165

22 背面伸ばし

23 背面・股関節伸ばし

24 指伸ばし

25 首伸ばし（前後）

26 首伸ばし（左右）

27 首回し（左右）

28 首振り（左右）

29 手合わせジャンプ

30 バーピージャンプ

PART-FIVE 選手たちやチームをうまく導く
練習の流れは、基礎練習→ドリル→5対5が基本

■ フットワーク ■

フットワークにはたくさんの種類がありますが「これだけはやっておいたほうがいいだろう」というメニューをピックアップして紹介します。

各メニューはコートの横（サイドラインから反対側のサイドラインまで）を使い、1つのメニューを全員が2回行うくらいを目安にするとよいでしょう。なので、人数が少ないチームならコートの縦を使い、1回ずつ行うとより効率が上がります。

また、121ページでも書きましたが、選手たちにとって、フットワークの練習は面白くありません。しかし、ディフェンスに特化した練習はここしかなく、さらにフットワークは、ミニバスに不可欠なカラダのバランス能力を向上させることにもつながります。練習のたびに必ず行うようにしましょう。

1 ハーキー→ダッシュ

ハーキーステップを踏んでからダッシュします

2 横向きでハーキー→シャトルラン（サイドの半分）

横向きでハーキーステップを行ったあと、コート横の半分までダッシュしたらバックでダッシュして戻り、元の位置まで来たら、今度は端（反対側のサイドライン）までダッシュします

3 横向きでハーキー→シャトルラン（サイドいっぱい）

端までダッシュし、バックダッシュで元の位置まで戻り、再び端までダッシュします

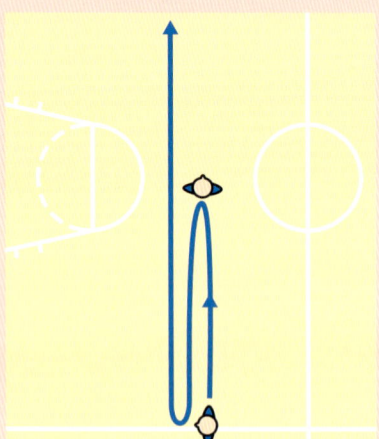

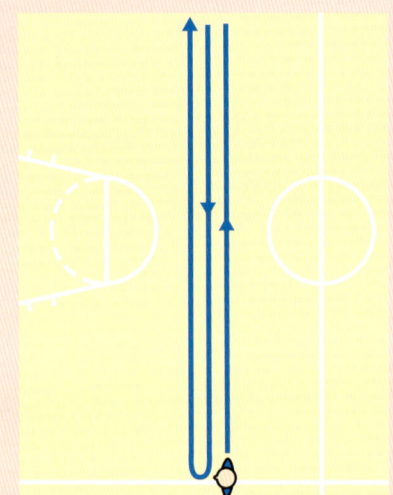

4 ディフェンスの構えからうしろ歩き

ディフェンスの構えをしたまま、うしろに半歩ずつ進んでいきます（必ず肩幅のスタンスを残して動くこと。口酸っぱく言わないと、選手たちは足がそろってしまいます）

練習の流れ
166 ▶ 167

5 スライド行き、帰り

端までスライドステップで行って、戻ります。必ず肩幅のスタンスを残して動きましょう（以下の練習も同様に）。バスケットのフットワークの基本です

6 スライドジグザグ移動

スライドステップで、斜めうしろへジグザグに移動します（3歩ずつ）

7 スライド→クロス→シュートチェック

スライドステップで斜めうしろに3歩ずつ進んだら、クロスステップに切り替えて3歩ずつ移動。最後に1歩踏み出して、シュートチェックを行います

PART-FIVE 選手たちやチームをうまく導く
練習の流れは、基礎練習→ドリル→5対5が基本

8 クロス→スライド→シュートチェック

前とは逆に、クロスステップからスライドステップに移行して、シュートチェックを行います（3歩ずつ）

9 2人組みで、スライドでコースに入ってボールチェック

1人がボールを持ち、左右どちらかにボールを振ります。もう1人がそのボールをスライドステップで追いかけてボールにタッチ。タッチされたら今度は逆方向にボールを振り、再びスライドステップで追いかけます

練習の流れ
168 ▶ 169

■各種ドリル■

例えば、ドリブルがうまくなければドリブルのドリルを増やすなど、チームの状況に応じて、日々変えるようにしましょう。

本書では、各ドリルに星マーク（★〜★★★★★）をつけています。これらは練習の難易度やミニバスの理解度によってつけられたものです。星1つのドリルは、ミニバス初心者が参加しても技術を学ぶことができますが、星4つのドリルは、ある程度ミニバスを知らないと、その練習の意義が読み取れないでしょう。この星マークを1つの目安として「これができたら、次はあれを覚えさせよう」というように、計画性をもたせながらドリルを行っていくとよいでしょう。

■パスの練習■

LEVEL ★★★★★ 対面パス　70ページ

LEVEL ★★★★★ ツーボール対面パス　71ページ

Another variation ワンツーパス→シュート　71ページ

LEVEL ★★★★★ パスミートからのトリプルスレット　72ページ

Another variation トライアングルパス　72ページ

LEVEL ★★★★★ スクエアパス　73ページ

■シュートの練習■

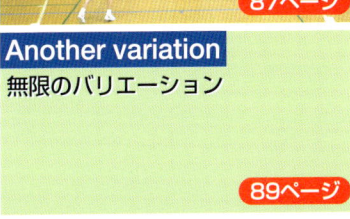

LEVEL ★★★★★ ランニングシュート　80ページ

Another variation ランニングシュート＆リードパス　81ページ

Another variation トライアングルシュート　81ページ

LEVEL ★★★★★ 7か所シューティング　86ページ

Another variation フリーシュート練習　87ページ

LEVEL ★★★★★ シュート＆フォロー　87ページ

Another variation シュート＆フォロー（3人バージョン）　88ページ

LEVEL ★★★★★ 対角シュート　88ページ

Another variation 無限のバリエーション　89ページ

PART-FIVE　選手たちやチームをうまく導く
練習の流れは、基礎練習→ドリル→5対5が基本

■ドリブルの練習■

LEVEL ★☆☆☆☆
フェイスアップドリル
96ページ

LEVEL ★☆☆☆☆
ドリブルシュート
96ページ

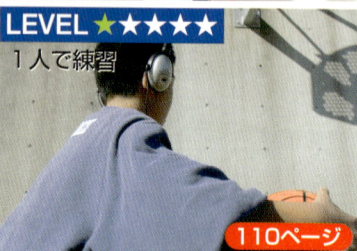

LEVEL ★★☆☆☆
イスを並べてステップの練習
105ページ

LEVEL ★☆☆☆☆
鬼ごっこ
97ページ

LEVEL ★☆☆☆☆
1人で練習
110ページ

LEVEL ★★★☆☆
ツードリ、ワンドリシュート
111ページ

LEVEL ★★★☆☆
目隠しドリブル
111ページ

■ディフェンスの練習■

LEVEL ★☆☆☆☆
フットワーク
121ページ

LEVEL ★★★☆☆
コースチェック練習
125ページ

Another variation
コースチェック縦バージョン
125ページ

LEVEL ★★☆☆☆
ボール周辺をグルリとロール
127ページ

LEVEL ★★★☆☆
うしろでドリブルしたところをスティール
127ページ

LEVEL ★★☆☆☆
リバウンド練習
129ページ

■チームプレーの練習■

LEVEL ★★★★～★★★★★
練習意識のステップアップ
134ページ

LEVEL ★★★★
バスケット式鬼ごっこ
135ページ

LEVEL ★★★☆☆
ワンツータイミング練習
137ページ

練習の流れ
170 ▶ 171

■チームプレーの練習■

LEVEL ★★★★☆
スクリーン(攻&守)
143ページ

LEVEL ★★★☆☆
1対1(総合練習)
144ページ

Another variation
2対2
144ページ

LEVEL ★★★☆☆
3対3(総合練習)
145ページ

LEVEL ★★★★☆
1対2(ドリブル練習)
145ページ

■速攻の練習■

LEVEL ★★★☆☆
パスアウト→ミドルマンの練習
148ページ

LEVEL ★★★☆☆
パスアウトからシュートまで
150ページ

LEVEL ★★★☆☆
3メンから1対2
151ページ

■チームディフェンスの練習■

LEVEL ★★★☆☆
シェルディフェンス
155ページ

■ゾーンディフェンス攻略の練習■

LEVEL ★〜★★★★★
実戦練習5対5
158ページ

LEVEL ★★★★☆
オールコートゾーン対応練習
159ページ

Another variation
5人で攻める
159ページ

PART-FIVE 選手たちやチームをうまく導く
練習の流れは、基礎練習→ドリル→5対5が基本

■Training Point　ドリルの組み合わせを考える

　ドリルはバラバラに組み合わせるのではなく、その日に行うものを"1つの線"になるように構成すると、それらのドリルに対する選手の理解力が高まります。

　例えば、スティールはコースに入ってから使う技術なので、コースチェックの練習をしたあとに練習を行いましょう。また、スティールと一緒にリバウンド、次には速攻というように、試合で予想される展開の順番に沿って練習メニューを作成しましょう。

■実戦練習5対5

　練習の締めとして、5対5を行います。選手たちは、その日の練習で覚えた技術にチャレンジして"実戦で使えるレベルかどうか"を判断することもできますし、何より試合勘を養うことができます。

　指導者は、選手たちの動きを見ながら、チームカラーを徹底させるための戦略や、試合でのチーム編成を考えていきましょう。

クーリングダウン

練習の最後は、軽くゆっくりとジョギングをしたあとにストレッチをしておきましょう。筋肉の疲労を和らげて、筋肉痛を起こしにくくなります。

選手たちは、翌日に体育の授業があるかもしれません。必ず念入りに行うように指導しておきましょう

Training Point　飽きさせないメニュー作りを

5対5は選手にとって楽しい練習です。しかし、ドリルが面白くないと、5対5の前に飽きられてしまいます。いくら必要なドリルでも、いつも同じものばかりのマンネリ状態は避けましょう。ときには難度の高いドリルに挑戦させたり、鬼ごっこ（ミニバスに近い動きをするので、とくに新入生が入ってくる時期にはオススメです）のようなレクリエーションメニューを行ったりと"飽きさせない工夫"をしながら、チーム力を向上させていきましょう

まとめ｜練習の流れ
1. ウォーミングアップ
   ▼
2. フットワーク
   ▼
3. 各種ドリル
   ▼
4. 実戦練習5対5
   ▼
5. クーリングダウン

PART-FIVE 選手たちやチームをうまく導く
よりよい指導者となるために必要なこと

よい指導者になるための"マニュアル"はない

ここでは、指導のポイントや心構えなどを紹介していきます。といっても、よい指導者となるための"マニュアル"はありません。なぜなら、指導者というのは技術的な知識にとどまらず、自身が培ってきた人間性をベースに指導していくものと考えるからです。

とくにミニバスの場合、相手は多くの"可能性"にあふれた小学生です。もちろんミニバスの指導者ですから、その技術を教えることは当然ですが、指導の前提は、人間育成に向けていただきたいと思います。

「礼儀をわきまえた人になってほしい」「相手の気持ちがわかる人になってほしい」など、育成目標はいろいろあると思いますが、ミニバスという実際の経験を通せば、ただ口で言うよりも理解しやすいものです。

例えば"相手を見ないでボソボソと挨拶する""指導者の話を聞かない。聞いても理解しようとしない""味方のミスを責める。相手チームのミスに対してからかい、はしゃぐ""身勝手なプレーをする"など、礼儀をわきまえず、相手への思いやりがない行動をとったら、ビシッと叱ればいいのです。

ただし「これはいけない。あれも禁止」とやってしまうと、子どもたちが"堅苦しい規則"として認識し、反発しまうおそれがあります。ですから、逸脱した行動をとったときに、その場で注意するようにしてください(「相手チームのミスをからかうな」など、日ごろから常態的な注意をしておくことは当然です)。また、「おまえが今こういう行動をとったから叱った。叱ったのはこういう理由があるからだ」と、注意した理由を明確に伝え、同時に解決法も示しましょう。これが実践できれば、すばらしいチームになると思います。

「コレ」と思うものをチームに取り入れて

PART-FOURまでは、Coach's EYEで"各技術についての指導法"を紹介してきましたが、このPART-FIVEでは、チーム全般にかかわる指導法や試合に関する指導のポイントなどを紹介していきます。しかし、指導法というのは指導者それぞれで違って当然です。そのため、ここで紹介した指導法やポイントがどのチームにも当てはまるとは限りません。あくまで参考程度にとらえ、ご自身が指導するときに役立ちそうな部分があれば取り入れる、というような使い方をしてください。

PART-FIVE　選手たちやチームをうまく導く

指導について

初心者への指導では、まず楽しさを知ってもらう

最初はランニングシュートから

　PART-ONEでも触れましたが、最初はランニングシュートから始めるのがいいでしょう。とにかく、まずはミニバスの楽しさを知ってもらうことが一番です。

　チームに入ったきさつは選手それぞれ違います。お兄さんやお姉さんがミニバスをしているから、親がバスケット経験者だから、マンガを読んでバスケットに興味をもったからなど、さまざまな理由が考えられますが、共通しているのは"ミニバスの本当の楽しさをまだ知らない"ということです。ですから最初は、ミニバスの醍醐味の中でももっともわかりやすい"シュートを決める気持ちよさ"を教えてあげることから始めましょう。初めてシュートが入った瞬間に喜ばない人はいません。まずはそこから、ミニバスの楽しさを伝えていきましょう。

次はミニバス用のボールに慣れてもらう

　次は、ボールに慣れてもらうために、ボールハンドリングやパスキャッチ、パスなどを軽く教えましょう。ボールを怖がらずにキャッチできて、ある程度ボールを扱えるようになったら、あとは練習に参加しても問題ありません。

　「初心者だから」といって、いろいろ教えてあげたくなりますが、子どもというのは、大人と違って、うまい人のマネから入ります。また、大人は理屈でいろいろ考えて行動しますが、子どもは理屈で考えずにリズムで動くので、経験者に混ぜて練習に参加していれば、それこそ"勝手に"うまくなっていきます。ただし、スクエアパスなどの複雑な動きが伴う練習は、どう動けばいいのかわからなくなるので、だれかのうしろを走るようにして、覚えてもらうとよいでしょう。

PART-FIVE　選手たちやチームをうまく導く
初心者への指導では、まず楽しさを知ってもらう

小さな1～2年生の子どもに対しては？

　低学年から始める子どもは、3年生以上の選手たちとはカラダの大きさも違いますし、いきなり練習に参加させても、まったく意味がわからないと思います。ボールを扱わせるにも、ミニバスのボールではさすがに大きすぎるので、少しだけ工夫しておきましょう。"とにかく参加して楽しんでもらうこと"を考えて、ボールに慣れてもらうことから始めます。小さい子どもは、ただボールを追いかけるだけでも喜びます。まずはボールの追いかけっこで、慣れ親しんでもらいましょう。

　だれにとっても楽しいシュートですが、低学年の子どもはさすがにボールが重く大きいのでどうやってもゴールに届かない場合があります。そんなときのためにミニバス用よりやや小さいゴムボールなどを用意するのも有効です。

　そして、試合に混ぜてあげましょう。もちろん、パスは取れないし、シュートも入らないと思います。ですが、みんなと混ざって、走り回りながらボールを追いかけているだけでも楽しんでくれます。自分よりも大きなお兄ちゃんやお姉ちゃんたちの中に自分も混ざって遊べることは、この年代の子どもにとって大きな喜びになるのです。

　ただし、低学年の子どもが一気に5人、10人と入ってきた場合は、ほかの選手たちとは別メニューでゴムボールを使ったシュートやボールハンドリングを行い、慣れたらミニバス用のボールに変えるなど徐々に参加していけるように工夫しましょう。

▶何より、腰を落としての移動という、ミニバスの基本を楽しんで覚えられるのが、この練習の最大のメリットです

▲最初はボールに集まって、いわゆる団子状態になってしまいますが、子どもたちにとっては楽しいので、大人は黙って遊ばせてあげましょう。ただし、特定の子どもにボールが集まったり、独り占めしたりするようなときにはパスを教えるなど、全員が楽しめるように気を配りましょう

■動きのリズムを作るドリル■

　ミニバスは、反復練習でプレーのリズムをカラダに覚えさせていくスポーツです。シュートを打つ、パスを出す、などに慣れたら、ミニバスの基本的な動きである"腰を落としての移動"のリズムを覚えてもらうとよいでしょう。

　そのドリルは簡単、お互いのひざをたたき合うだけです。ただし、相手が自分のひざをたたこうとしても下を向かないようにします。ルールはこれだけです。

　これだけで、ミニバスの基本的な動きとリズムを覚えることができるので、小さい子どもが入ってきたときは、シュートなどをひと通り終えたあとに、このドリルを行ってもらいましょう

PART-FIVE 選手たちやチームをうまく導く

選手たちの成長は、大人が思う以上に早い

練習メニューのレベルを子ども用に落とさなくていい

子どもは、大人より圧倒的に覚えるのが早いものです。「子どもだから簡単に」「子どもだからやさしい動きに」などと考える必要は、まったくありません。

カラダを動かすことに関しては、子どもは大人の想像以上の能力をもっています。

また、子どもの覚えがあまりに早いため、本書で紹介するドリルなどアッと言う間に覚えてしまい、練習メニューのバリエーションが不足するという事態に陥ることもあるでしょう。そういうときは、バスケットのドリルを扱っている本やビデオなどを購入し、そこで紹介されているメニューを参考にして、練習に取り入れてみてください。

大人の目線でためらう必要はありません。とにかく試してみてください。ポイントを押さえるとできてしまいますそれが子どもを指導する面白さでもあるのです。

ただし、新たな練習メニューを行うときは、練習の意図やその練習で覚えられることを指導者が認識したうえで行うようにしてください。やみくもに行わせるだけでは、子どもたちが間違った動きをしたときに、原因と改善法を示す正しい指導ができなくなってしまいます。

ただし、大人の違いのわきまえてあげて

技術の覚えは子どものほうが早いといっても、何でもできるわけではありません。まずは、パス。子どもは腕の力が弱いので、ショルダーパスの精度がどうしても悪くなります。また、ロングシュートも小さな子どもでは届きません（中には届かせる子もいます）。

さらに、戦術の理解は、経験やボキャブラリーが豊富な大人のほうが早いのです。つまり、強い筋力が必要なものと経験が必要なものの2つに関しては、子どもは苦手という認識をもっておきましょう。しかし、違いはそれぐらいのものです。ほかのことに関してはむしろ、子どものほうが大人よりも上です。

PART-FIVE　選手たちやチームをうまく導く
選手たちの成長は、大人が思う以上に早い

自発的に練習をする子どもは
うまくなるのが早い

　上達の早い遅いの差は出てきます。では、その差はどこから出てくるのか。まずは、育ってきた環境からの影響が考えられます。例えば、小さいころから外で遊ぶのが好きで、毎日、日が沈むまで走り回っているような子どもは、覚えるのが早いです。

　しかし、ミニバスがうまくなる一番の要因は、その子どものやる気です。例えば、同時期に始めた子どもが2人いるとして、その2人にボールを買い与え、ボールハンドリングを教えます。そして、数か月後に2人のボールを見れば、どちらがうまくなっているかは明白にわかるのです。うまくなる子どもは熱心にボールハンドリングをするので、数か月もすればボールがツルツルになるものです。一方、あまりうまくならない子どものボールは新品同様です。

　このように、ミニバスが好きになって、自発的に練習するような子どもはうまくなるのが早いです。

小さな成功体験の積み重ねが
大きな自信につながる

　ほかには、性格面でも早い遅いが分かれてきます。

　「試合に出たいか？」と聞いて「うーん」と首をかしげるような子どもは、やはり遅くなります。ただし、これは性格なので、早々に治るものではありません。こういうタイプの子どもは「失敗したくない」という意識が強いので「失敗してもいいから」と根気よく教え、やる気を出させる言葉もかけてあげましょう。

　小さな"成功体験"を積み重ねていくうちに自信が生まれます。コンプレックスを払拭させてあげれば、ほかの子どもたちと変わらない伸びを発揮するようになるのです。

　ただし「失敗してもいい」という考えは、チームの全員がもっていなくてはなりません。子どもはときに残酷なので、へたな人を小ばかにするような態度をとるときがあります。そういう

ときはしっかりと叱り、失敗を恐れないチームの雰囲気を作っていきましょう。

こうして、伸びるのが遅い子どもでも試合に出たくなってくれればしめたもの。練習にも"張り"が出て、失敗を恐れず果敢に挑戦していくようになるので、チーム全体の技術力がグングン上昇していくでしょう。

"才能"はあるか？

才能というものは確かに存在します。しかし「才能があればいいのか？」といえば、それは違います。例えば、技術習得のレベルが1から5まであるとすると、早い子どもは「12345」とすばやく覚えていきます。逆に遅い子どもでは「12、123、1234、12345」と、同じことを人より多くくり返して、ようやくものにできます。

これだけを見ると、才能のある子どものほうが有利に思われるかもしれませんが、遅い子どもはその分、基礎をくり返して覚えていくので、ミスが少なく、安心できるプレーをしてくれるのです。

これはチームにとって貴重な財産です。とくに試合では、才能があっても好不調の波が激しい選手より、基礎が充実して堅実なプレーをする選手を使いたい場面は往々にあります。

また、能力の高い子どもは、総じて慢心しやすい傾向にあります。これは、試合では油断を生み、練習ではなまけグセを生み出す土壌になります。もちろん、自分の技術を自覚することは必要なことです。

指導者は選手たちの自覚と慢心の度合いを正確に見抜き、慢心に傾いているなら、早急に手を打つようにしてください。

PART-FIVE 選手たちやチームをうまく導く

指導者も日々進歩していく必要がある

わかるように説明する努力を怠らない

指導者として、自分でもよくわかっていないことを選手たちに教えてはいけません。例えば、どこかの強豪チームがやっていた練習を取り入れてみようというときには、その練習の意図や方法などをしっかりと理解して、選手たちに説明できるようになっておく必要があります。

ところが実際には、練習のしかたの説明があいまいなのに、できない選手に対して「何でわからないんだ！」と怒る人がいます。また、日によって違う説明をする人もいます。

これでは、選手たちはとまどい、責められたことに対して萎縮（いしゅく）してしまいます。

まず、選手を責める前に考えてください。選手たちが理解できるように説明していたのか？ できない場合の解決策を示しておいたのか？ そもそも、その練習が今のチームに合うレベルのものなのか？

実際に動くのは選手ですから、指導者が思い描いていた"理想の動き"とギャップがあるのは当たり前です。この誤差を埋めるため、選手たちが迷わないように、わかるように説明することは、指導者としての責務です。その部分を怠ることがないよう、指導者も常に自分を磨いておいてください。

"選手にとって大事なこと"があることを理解してあげたい

とくに女子に多いのですが、自分より年上のチームメイトに指示を出せない選手がよくいます。また（これは中高生に多いケースですが）「○○先輩、カバーに行ってください」と敬語で指

指導者自身も常に改善を

示を出す下級生の姿をよく見かけます。これは、コート外の人間関係をコート内に持ち込んでしまっているのです。

ミニバスは一瞬で状況が変わるスポーツですから、指示が長くなればなるほど不利に働くのは明らかです。しかし、指導者は理解してあげなければなりません。これくらいの年ごろの女の子というのは、何より自分の発したことで人間関係が揺さぶられることを恐れるのです。

とくに男性の指導者は、自分の記憶の中でも経験がないことなので、どうしてもこの部分への配慮が欠けてしまいがちです。それで、言った当人に「そんな指示があるか！」と注意をしてしまうものですが、これは当人だけの問題ではありません。

難しいことではありますが"コートの中に上下関係はない"という認識をチーム全体にもたせて、上級生が自発的に、下級生に対して「いちいち"ください"とかつけていたら間に合わないよ」「○○が一番周りが見える場所にいるんだから、指示してね」と、言えるようなチーム環境を作るとよいでしょう。

バスケットボール経験は指導者の必須条件か

指導者自身の（ミニバスを含む）バスケット経験は「経験があれば有利だが、必ずしもなくてよい」ものです。

実際に、バスケット経験がなくても優秀な指導者は大勢います。その人たちに共通しているのは「さまざまな情報を絶えず入手している」ということです。むしろ、自身がバスケットの選手だった指導者のほうが、この点を疎かにしがちなので注意してください。

バスケットの練習は年々進化しています。それなのに、自分の経験だけが頼りの古臭い指導や、効率のよくない練習を行っているケースがよくあります。

指導者として大切なのは、自身のバスケット経験ではなく、情報を入手して活用する姿勢です。

もし、自分の経験だけで練習メニューを決めていたのであれば、この本をきっかけにさまざまな情報を入手するようにしてください。本やDVD、インターネット、自身の人脈など、情報のソースはいくらでもあります。それらを有効に使って、自分の指導法を構築するようにしいきましょう。

PART-FIVE 選手たちやチームをうまく導く
指導者も日々進歩していく必要がある

ミスを注意するときは原因と対処法を示す

指導者は客観的に見ることができますから、選手のミスとその原因はわかると思います。だから、そこを指摘してあげればいいのですが、それをストレートに「そうじゃなくてこうやるんだ」というだけでは、選手に伝わりません。どんなミスだったのか、何がよくなかったのか、そして、次からはどう対処すればよいのかを指示してあげましょう。

指導者は、そのような説明ができるように、ふだんの練習からしっかりと選手たちの動きを見ていなければなりません。

「自身の経験がないために、ミスの原因と結果が結びつかない」とひるむ人もいるでしょう。しかし、練習をしっかり見ていればそれほど難しいことではありません。

例えば、パスカットされるミスについていえば、ディフェンスの状態をしっかり見ないでパスを出すから起こります。そのときに、パスの種類や選択方法を「ディフェンスがこうなっているんだから、このパスなら通るでしょ？」と教えればいいのです。

これは、本書を読んだうえで、きちんと練習を見ていればわかることです。指導するときは大人もしっかりと考えて、原因を探りましょう。

そして、選手がそのミスを克服できたら、ほめてあげましょう。

ほめる、叱る

指導するうえで、ほめるタイミング、叱るタイミングはとても重要です。

叱るタイミングは簡単です。いけないことをしたとき、やらなくてはいけないことをしなかったとき、そして、プレー中に誤った選択をしたときです。誤ったプレーに対しては、正しい対処法を教えてあげましょう。叱り方の強弱は、選手のキャラクターによって変わってくるので、ここで取り上げることはできません。

もう一方の、ほめるタイミングについてですが、ミニバスの指導では、ほめることは重要です。しかし、その方法は、選手と指導者の人間関係に関わってきます。例えば、チームに何年も在籍していて、指導者に対する信頼があるなら、ほめる回数が少なくても選手のモチベーションは下がりません。むしろ、そういう場合には、たまにほめるくらいのほうが選手は大きく喜び、いい結果を生み出します。

したがって、信頼関係がある選手には、プレーを見て「おっ」と思ったようなときにほめるくらい、つまり、自然にほめるという感覚でかまわないと思います。

指導者自身も常に改善を

ただし、入ったばかりの子どもは、自分のプレーの良し悪しがわかりませんし、だれかに見てもらいたい気持ちを非常に強くもっています。それなのに、しかられることのほうが多くては、最初のステップである"好きになってもらう"ことすらできません。

ですから、最初はとにかくほめるところを探し、1つひとつの上達に対して見逃さず、うまいプレーをしたら、その瞬間にほめてあげるくらいの気持ちでいましょう。また、人数が多いチームなら、初心者用の指導者を立てておくのも1つの方法です。

子どもは元々のめりこみやすいので「バスケットは楽しいもの」と思ってくれれば、こちらの想像以上に夢中になります。好き嫌いを最終的に選択するのは子どもですが、指導者が嫌いになるきっかけを作ることがないように心がけましょう。

チームは1年ごとに1から作る

ミニバスの場合は、毎年新しいチームを作るという認識をもたなくてはいけません。例えば、スクリーンの対処法などは"チーム力"がついてから行うものです。去年のチームがそこまでできるようになっていて、その主力メンバーがそのまま残っているような場合でも、しっかりと最初から段階を踏んで教えていくようにしましょう。

これは、新たにチームに加わった人のためということもありますが、それだけではなく、もう一度チーム作りを行っていくことで、基礎の確認をすることができるのです。

また、去年と同じ練習を行ったときには「去年もいたんだからわかるでしょ？」と大人と同じつもりで注意をしてはいけません。前年はただ上級生のマネをしていただけという可能性もあるのです。子どもの目線で、わからないときは手を抜かずにしっかりと、原因と対処法を教えてあげるようにしてください。

▲ダックインの練習後に、ふと、指導者自身が立ちふさがって「さぁ、どうする？」 冗談まじりに次のプレーに誘うと、信頼関係を築けている間柄なら、選手も「よし！」と喜んで挑んできます。指導とは選手を導くことですが、しかつめらしく構えてばかりではなく、指導者も選手たちと一緒に楽しむ気持ちをもっておきましょう

PART-FIVE 選手たちやチームをうまく導く
指導者も日々進歩していく必要がある

背の高さでポジション別に分けた練習をしない

背の高さで分けて、高い選手はインサイド練習を、低い選手はドリブル突破の練習を行う、というような練習方法はしないほうがいいでしょう。多少バスケットをしていた人は、ポジションを重要視する傾向にありますが、それでは子どもの可能性をつぶしてしまいます。

とくに、ミニバスの選手は成長途中の小学生なので、これからどう身長が伸びていくかわかりません。また、バスケットはアメリカンフットボールなどと違って、ポジションごとに役割が決まっているわけでもありません。全員が同じ練習をして、その中で特技を導き出せれば、自然とポジションはできてくるのです。

例えば、ドリブルが上手ならば自然とボール運びをする機会が増えますし、背が高ければ必然的にゴール下での活躍が増えていきます。試合で「勝ちたい」という気持ちさえあれば、自分の長所を活かそうとそれぞれが頑張るのです。

「わかる」「わからない」を選手たちに問いかける

選手たちに指導をするときは、"問いかける"ことが大事です。例えば、チェストパスを教えるときには「正面に相手がいないときはチェストパスで出せ」ではなく、「どういうときに使えばいいと思う？」と選手たちに考える機会をもたせます。

バスケットは、とくにコミュニケーション能力が必要なスポーツです。最近の子どもたちはその能力が低くなっ

MINI-BASKETBALL CLINIC for all players & coaches

指導者自身も常に改善を

ているので、考えさせ、それを発言させることで鍛えてあげましょう。

また、選手の頭の中までのぞけませんから、自分の説明を理解できたかどうかは聞かなければわかりません。わかったときは「わかりました」、わからなかったときは「わかりません」とハッキリと言う習慣をつけてあげましょう。

選手がわからないのは、指導者の説明不足です。その場合は「どうすれば理解させられるのか」と新たな方法を考えなければならないため、指導中に問いかけることは、選手たちのコミュニケーション能力とともに自分の指導力の強化にもなります。

指導者におびえて何でも「ハイ」と返事してしまうようなチーム状態は、ミニバスではもっともいけないパターンです。指導者として多少の威厳はもっておく必要がありますが、選手たちが意見を言える雰囲気作りはしてあげてください。

新技術習得のタイミングは、教えてないのにさせたくなったとき

"新しい技術の習得を始めるタイミング"を知ることは簡単です。

試合を見ていれば、言いたいことはいっぱい出てくると思います。例えば、試合中に「スライド！」と言いたくなっても、練習を振り返るとスクリーンの練習をしていなかった。ならば、今日は言わずに、次の練習から教えていこう、と知ることができます。ただし、その練習を理解できるレベルにチームが到達しているのかを考えながら行うようにしましょう。

また、練習でも、例えば5対5の練習を見て、ドリブルで相手を抜ける局面なのに抜かなかった、パスの精度が悪かったなどの反省点を挙げていき、それを次からの練習メニューに反映させればいいのです。

■5段階で理解度を自己申告させる■

新しいことを説明したあとに「どれくらい理解した？ 全然わからなければ1、完璧にわかったなら5、の5段階評価で、自分がどれくらい理解したかを指で示して」と問いかけてみるのも面白い方法です。選手たちが自己申告をしたら、何人かに説明をさせてみます。どうもわかっていなさそうなのに5を示したり、聞いてみるとわかっているのに2を示したり、と選手の性格まで見えてきますし、選手どうしで教え合うきっかけ作りにもなります

▶ただし、選手が間違った理解をしていたとしても、叱りつけないでください

PART-FIVE　選手たちやチームをうまく導く

"試合に勝つチーム"が強いチーム、ではない

「勝てばいい」は、大人の自己満足にすぎない

"強いチーム"に対する定義・認識が、指導者によってまちまちなのは当然です。ただ、ミニバスにおいては"試合に勝つ"ことだけを強いチームの条件と考えるのは控えてください。

背の高い選手を集めて、ガチガチのゾーンディフェンスとゾーンプレスを教え、身長差を使ったインサイドプレーで攻める――非常に偏った戦術ですが、ミニバスでは十分通用します。

しかし、このようなチーム作りは、大人たちが勝ちたいから行っているにすぎません。さらにいえば、その強さは選手たちの背の高さに頼ったもので、指導力によるものでは決してないのです。

私たちは、選手たちの身体的能力にかかわらず"いつも頑張れるチーム""あきらめないチーム"を強いチームと考えて、そのようなチーム作りを目ざしています。

"中心にいるのは子ども"という認識をもつ

たまにではありますが、ミニバスの試合会場で、こんな光景を見ることがあります。

相手チームにヤジを飛ばす親たち（もちろん相手は子どもです）、ベンチでどなる指導者、それを尻目に冷めてみえるほど黙々とプレーしている選手たち。

熱くなっている（なり方も間違っていると思いますが）のは大人たちだけで、選手たちは黙々とプレーをしている。これでは、いったいだれのためのチームなのかわかりません。

自分たちのチームを応援するのは当然です。しかし、応援とヤジは別物です。相手チームも当然自分たちの子どもと同じように練習をし、真剣に試合

MINI-BASKETBALL CLINIC
for all players & coaches

にのぞんでいるのです。周りから見て恥ずかしく思われる行動は慎むようにしましょう。

また、チームとしても、そのような親御さんがいることはマイナスです。指導者や親どうしでしっかりとそのような行動に出る人を注意して、健全なチーム作りを目ざしましょう。

また、指導者が試合中に選手をどなるというのも考えものです。確かに、つい腹を立ててしまうことがあるのもわかりますが、試合は練習でできたことがすべてできるわけではありません。せいぜい練習でできたことの7〜8割程度の力が出せれば十分です。選手たちも、負けようと思って試合に出ているわけではありません。

ただし、多少叱ることで選手のパフォーマンスを引き出せるようなチーム体制ができているなら、話は別です。発破をかけて奮起させることができる

なら、1つの手段として叱ることもアリといえるでしょう。

チーム練習の量 ＝チームの強さではない

バスケットの技術は、くり返しくり返し行うことで身につけられます。そのため、週に1〜2回程度の練習では正直厳しい部分があります。とはいっても、チームの事情により、それくらいしか練習量をとれないケースは多いと思います。

ただし、練習量＝チームの強さではありません。実際、週2回程度の練習量でも強いチームは存在します。もちろん、能力の高い選手だけを集めたり、背の高い選手だけを集めたりしているわけではありません。ごくふつうの子どもたちで結成されているにもかかわらず強いチーム、というのがあるのです。

そういうチームの選手がほかと何が違うのか——簡単にいえば"ミニバスが好きという気持ち"です。

"チーム練習の量が少ないにもかかわらず強いチーム"の選手たちは、校庭のゴールでシュート練習したり、放課後に少し体育館を使わせてもらったりするなど、自発的に個人練習を行っているのです。

もちろん、そういうチームは、指導者もチーム練習の量が足りないことを自覚して、個人的に練習を行うように指導している側面もありますし、体育館を借りるときに口添えが必要なら協力は惜しみません。

今の子どもたちの周りには、楽しいことがいっぱいあります。ゲームもしたいでしょうし、アニメやマンガを見たいでしょうし、テレビだって見たいでしょう。しかし、それ以上に「ミニ

PART-FIVE　選手たちやチームをうまく導く
"試合に勝つチーム"が強いチーム、ではない

バスがしたい」という気持ちを育むことができれば、たとえ週2回しかチーム練習ができなくても、選手たちは残りの日を個人練習に当てるようになります。チーム練習中にはできない練習を行えるので、結果的には、週4日練習をしているチーム以上に効率的な練習ができるのです。

ここまでいかなくても、校庭で遊び半分にドリブルをしたり、家では軽くボールハンドリングを行ったりして、つねにミニバスに触れていれば、チーム練習の少なさをカバーすることは難しくありません。

ミニバスにおける身長のウェイト

小学生で身長が高いということは、その分、有利です。

しかし、前にも触れましたが、ディフェンスがしっかりしていれば身長が低くても勝てます。それは、全国大会でも同様です。実際に、いくつもそういうチームがあります。

確かに、身長が高ければ有利というのは変えようのない事実です。だからといって、身長で試合が決まるわけではありません。そういう相手と試合でぶつかったときこそ、指導者の腕の見せどころです。どこを突けば相手を崩せるか、オフェンスの"肝"となっている選手をどう止めるか。相手の弱点をすばやく見つけ、自分のチームの長所を最大限に活かした戦い方をしていけば、身長差はラクに越えられる壁です。

▼参考までに、弥生第二スポーツ少年団ミニバスケット青空クラブのチーム規約の一部を紹介しておきます

■チーム規約について■

平成18年度

弥生第二スポーツ少年団

『青空クラブ』ミニバスケット

団長　野口照行

学年　氏名

〔名　称〕　弥生第二スポーツ少年団ミニバスケット青空クラブ

〔団　長〕　野口照行

〔指導員〕　足立区バスケット連盟技術指導普及委員
　　　　　足立区バスケット連盟審判委員

〔練習日〕　低学年　……　月曜日　午後6時45分　～　8時　　　（中学校）
　　　　　高学年　……　月曜日　午後6時45分　～　8時30分　（中学校）
　　　　　　　　　　　水曜日　午後6時45分　～　8時30分　（中学校）
　　　　　　　　　　　土曜日　午後5時　　　～　7時　　　（小学校）
　　　　　　　　　　　土曜日　午後2時　　　～　6時　　　（小学校）

学校を欠席した日は、ミニバスケットも休ませて下さい。
練習場所
　足立区立　中学校　足立区
　足立区立　小学校　足立区
　足立区立　小学校　足立区

〔リング当番〕　・リングの上げ下げは、全員が交代で行う。

〔鍵当番〕　・15分前までに開ける。
　　　　　・練習時に雑巾を持ち帰り、洗濯しておく。
　　　　　・鍵を返却する際、『学校開放利用チェック表』を記入。

〔弁当当番〕　・係より依頼のあった場合は、ご協力をお願いします。

〔試合の引率〕　・世話人からの依頼のあった場合は、ご協力をお願いします。

〔試合の欠席〕　・男女ともに、キャプテンに連絡する。
　　　　　　　・引率者にも必ず連絡する。

チーム作りのポイント

選手たちのモチベーションを保つ方法

強いチームにするには、選手たちが高いモチベーションをキープしたまま練習を続けてくれなければなりません。選手たちが「あーぁ、今日もミニバスかぁ」なんて思うようでは、覚えられるものも覚えられません。

モチベーションを保つよい方法は、あこがれの選手をもってもらうことです。「この人を見ているとワクワクする」「この人のプレーをマネしたい」──自分のチームの先輩のプレーにあこがれるのもいいし、NBAの選手を見てそれをマネしてもいい。とにかく「この人みたいになりたい！」という人を選手が見つけてくれれば、高いモチベーションを長期間キープすることができます。

ミニバスのチームと学校との連携

ミニバスでは"夏休みの宿題が終わらなければ、8月後半の練習には参加できない""ふだんの練習でも、学校の宿題が終わっていないと練習に参加できない""学校を休んだときは、午後に調子がよくなったとしても練習に参加できない"というような決まりを作り、学業を優先したチーム運営をしていくことが大切です。

こうすることで"やるべきことをきちんとやる。そうしないとみんなに迷惑をかけることになる"というチームスポーツの基本思想を練習以外の場でも認識させることができるうえ、社会的にもりっぱな人間に成長させることができるのです。

弥生第二スポーツ少年団

きまり

1. 先生のお話しをよく聞くこと。
2. 時間に遅れないこと。(PM6時45分に体育館に入ること。)
3. 入り口の履物は、きちんとそろえましょう。
4. 体育館に入ったら、誰にでもあいさつをしましょう。
5. 付き添いがあれば、自転車はOK。子供だけでくるときは歩いてくる。
6. 校庭には自転車は乗り入れないこと。
7. トイレには必ず2人以上で行くこと。(できるだけ家ですませてくる。)集中練習中は、休けい時間以外禁止。
8. 練習中は、水を飲まないこと。
9. 宿題は、必ずすませてからくること。
10. 仲良く、楽しく、練習しましょう。

保護者の方へ

・体育館だけの利用許可になっています。内部の備品にはふれないようお願いします。また、利用を認められたものでも公共物ですから、大切に扱ってください。
・夜の練習ですから、3年生以下は付き添いが必要です。保護者が欠席の場合は休ませてください。原則として親子で参加し、付き添ってこられない場合は、グループで役割分担されても結構です。
・昼間の練習は、4年生以上は各自にまかせ、3年生以下はやはり付き添いが必要です。
・学校を休んだとき、また早退の場合も、夜の練習は休ませてください。欠席の場合は責任者まで早めにご連絡下さい。事故及びケガも心配です。毎回大変だとは思いますが大切なお子様です。万障繰り合わせてご協力下さい。
・体育館の中まで、お子様が入るのを見届けて下さい。
・リングの上げ下げは、先生に協力して下さい。
・高学年の練習が始まったら、コート内に入らないで下さい。ケガのないよう、保護者の方も十分注意して下さい。

※ 鍵当番　　　月…低学年　　水・土…高学年

1. 鍵開け
   ・前回受け取った雑巾を洗濯する。
   ・練習開始15分前に、主事室から鍵を受け取り体育館、トイレの鍵を開ける。ただし、九中の部活動、亀田小のバレー等で使用中の場合は許可時刻まで子供達が中に入らないように待機させる。
   ・鍵はステージの左端に置く。
   ・先生の椅子を準備する。
2. 鍵閉め
   ・使用した雑巾を次の係に渡す。
   ・使用した箇所の点検、トイレの鍵・先生の椅子・戸締まり・ステージ上の忘れ物を点検、確認し、消灯施錠する。
   ・鍵を主事室に返す。亀田小の場合は、使用許可証に記入。

※ 付き添い当番
・原則として、6年生の保護者が練習を見守る。ただし、世話人会会議や試合などで人手が必要な時には他の学年の人にもお願いする。
・出席の確認をする(出席簿に記入)。6分間走の記録をとる。
・傷や怪我の手当をする。
・入退団の有無を世話人に報告する。
・先生、コーチ方の飲み物の準備をする。
・練習終了後、全員が校門を出るのを確認してから帰る。

※ 梅田体育館
・使用許可書を受付に提示する。
・活動終了後、受付にその旨を連絡する。

※ その他
・飲み物は、水、お茶、麦茶にして下さい。

リング当番

中学校でのリングのセッティングは、どうしても大人の方々の協力が必要です。誰もが忙しい時間をやりくりするわけですから、「行かなくても何とかなるだろう」という人ばかりでは活動できません。子供達のためにもご協力をお願いします。

▲規約の中で"チームに子どもを預けるのではなく、親は積極的に参加・協力すること""危険なことは子どもにさせず、親が行うこと"などを明示しておき、その約束を理解して守れるという前提で入ってもらうようにしましょう

PART-FIVE 選手たちやチームをうまく導く
"試合に勝つチーム"が強いチーム、ではない

微妙な"感覚的な変化"を大事にする

シュートの精度は、微妙な感覚に左右されます。爪の長さを変えただけでも指先の感覚が変わってしまい、入らなくなるものです。

爪が長いと、相手をひっかいてしまうこともあるので、試合前には短く切っておくのがマナーですが、試合直前に切ると、シュート感覚が変わってしまいます。したがって、試合の3日前までにはしっかりと爪の手入れを行っておくように指導しましょう。

本書では（ミニバスを含む）バスケットは、リズムをカラダに刻んで覚えていくスポーツだと説明していますが、実はこの"リズム"や"感覚"というものは、本当にささいなことで変化してしまうのです。

試合に緊張はつきものです。しかし過度に緊張すると精神状態が乱れて、プレーがボロボロになってしまいます。

そこで、試合前に与えられる練習時間には、いつもと同じ練習メニューを行うようにしましょう。例えば、フットワークのあとに毎回、対面パス、ドリブルシュート、スクエアパスを行っているチームなら、試合直前でも同じよう行います。

いつもと同じ練習をいつもと同じリズムで行うことによって、カラダは平静を取り戻すことができます。ただし、シュートタッチの確認だけはしておいたほうがよいので、シュート練習は必ず行ってください。

チーム編成のポイント

ミニバスの試合は、必ず3クォーターまでに10人以上の選手を出さなければなりません。さらに、1人の選手が連続3クォーター以上出場することはできません。

そこで、チーム編成を考える場合、Aチーム5人、Bチーム5人と、2つのチームを用意しておくとよいでしょう。2つのチームのパワーバランスは、それぞれのチーム事情により変わってきます。

うまい選手が5人いるなら、その選手たちでチームを作り、1・3・4クォーターに出場させる。優劣のつけがたい選手が10人そろっているなら1クォーターはAチーム、2クォーターはBチームを出場させ、3・4クォーターは状況に応じて変化させていくなど、さまざまなやり方があります。

どう編成するかは、指導者の考え方にかかっています。

MINI-BASKETBALL CLINIC for all players & coaches

コート各部の名前

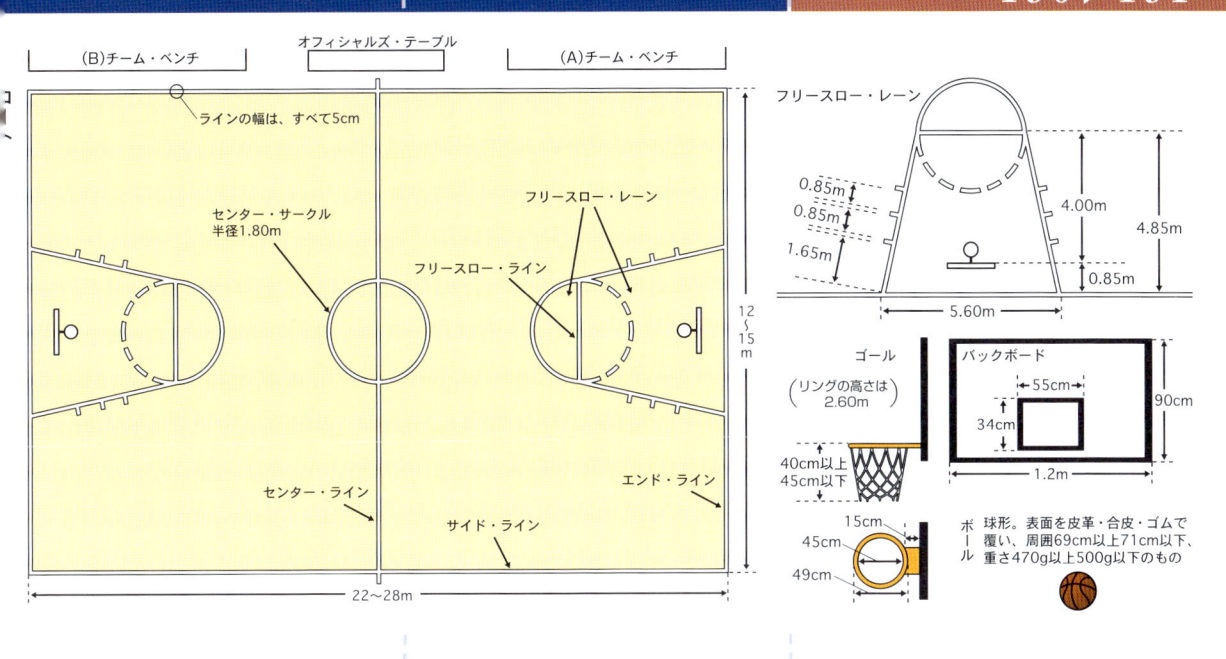

チーム作りのポイント
190 ▶ 191

(B)チーム・ベンチ　オフィシャルズ・テーブル　(A)チーム・ベンチ

ラインの幅は、すべて5cm
センター・サークル 半径1.80m
フリースロー・レーン
フリースロー・ライン
センター・ライン
サイド・ライン
エンド・ライン
12〜15m
22〜28m

フリースロー・レーン
0.85m / 0.85m / 1.65m
4.00m
4.85m
0.85m
5.60m

ゴール（リングの高さは2.60m）
40cm以上 45cm以下

バックボード
55cm
34cm
90cm
1.2m

15cm
45cm
49cm

ボール　球形。表面を皮革・合皮・ゴムで覆い、周囲69cm以上71cm以下、重さ470g以上500g以下のもの

指導者にできることは、子どもたちがミニバスを楽しむ手助けです

　私はミニバスの指導にかかわって30年以上になりますが、いつも「がんばる子になってほしいな」と思いながら接しています。子どもはすなおですから、1つずつ、新しいことができるようになったり、試合に勝ったりして自信がつくと、より一層がんばれるようになるのです。

　私たち指導者にできることは、子どもが自信をつけて、がんばれるようになるための手助けです。指導中、つい、バスケットボール用語を使ったり「説明したのになぜできない？」と叱ったりしがちですが、それでは、子どもたちはとまどってしまいます。できるだけ一方通行にならないように、自身の目線と子どもたちの目線を合わせるように、確認しながら説明することを心がけなければなりません。子どもの気持ちになるのは難しいことでしょうが、くり返し問いかけて、よりよく伝わるように日々修正していきましょう。子どもたちが理解をし、できるようになって初めて"説明した"ことになるのです。

　また、バスケットボールは楽しいスポーツです。指導者として、子どもたちに勝つ喜びを味わってもらうことを目標にしてもいいのですが、私はミニバスをきっかけに、子どもたちに中学・高校でも続けてもらいたいな、いいバスケットボールをしてもらえればいいな、と考えています。

　本書で紹介できたのは、そういう考え方や練習法の一部にすぎませんが、読んでみて「これはいいな」と思うものがあれば、自分たちのチームカラーに合うようアレンジしながら取り入れてみてください。

　では、子どもたちと一緒に、ミニバスケットボールを思いっきり楽しんでください。そして、どこかの大会でお会いしましょう。

野口　照行

J. Noguchi

■ 著者

野口　照行（のぐち・てるゆき）

1951年東京都足立区生まれ。目黒高校から立正大学へ。卒業後、野口商店に勤務し、現在に至る。1968年、高校在学中に弥生クラブを創設、全日本クラブ選手権大会優勝1回、準優勝2回、3位2回の成績を挙げる。ミニバスでは、1973年に弥生第二スポーツ少年団を発足させ、1982年全国大会出場、2001，2002，2006年の3回、東京都で優勝（4校枠の規定により、全国大会には出場できず）。足立区体育協会理事、東京都バスケットボール協会競技委員長、関東クラブバスケットボール連盟理事長、日本クラブバスケットボール連盟常任理事、弥生第二スポーツ少年団団長。

萩原　美樹子（はぎわら・みきこ）

1970年福島県福島市生まれ。県立福島女子高校（現・橘高校）、早稲田大学卒業。10歳の頃から父の影響でバスケットボールを始める。1989年、共同石油株式会社（現・株式会社ジャパンエナジー）入社。同時に女子日本代表入り。全日本総合選手権優勝4回。1993年度から4年連続日本リーグ得点王、優秀選手賞8回、年間ベストファイブ選出7回。1996年アトランタ五輪7位入賞、得点ランキング5位。1998年ドイツ世界選手権では得点ランキング同率2位。1997～98年、アメリカ・WNBAで2シーズンプレー。現在は、ジャパンエナジー・CSR事業推進部に所属。バスケットボール及びスポーツ全般の講習・講演に携わる。2005～07年早稲田大学女子バスケットボール部ヘッドコーチ、2006年よりU-20、U-22女子日本代表コーチ。

■ 撮影モデル　弥生第二スポーツ少年団ミニバスケット
　　　　　　　青空クラブ（東京都足立区）

■ 特別協力　　伊藤　恒（世田谷学園高等学校
　　　　　　　　　　　　バスケットボール部監督）
■ 撮影協力　　宮城ミニバスケットボールクラブ
　　　　　　　　　　　　　　　（東京都足立区）
■ カバー装丁　エディデザイン室
■ 本文イラスト　風間　康志
　　　　　　　　西原　宏史
■ 写真撮影　　天野　憲仁（日本文芸社）
■ 執筆協力　　大野　マサト
■ 編集・制作　㈱文研ユニオン（担当＝和田　士朗）

もっとうまくなる、絶対強くなる！
ミニバスケットボール

著　者	野口　照行・萩原　美樹子
発行者	西沢　宗治
組　版	株式会社 文研ユニオン
印刷所	玉井美術印刷株式会社
製本所	株式会社越後堂製本

発行所　株式会社 日本文芸社

〒101-8407 東京都千代田区神田神保町1-7
TEL 03-3294-8931（営業）03-3294-8920（編集）
振替口座　00180-1-73081
URL　http://www.nihonbungeisha.co.jp
Printed in Japan　112070420-112081210Ⓝ05
ISBN978-4-537-20552-7（編集担当　亀尾）
©2007 BUNKEN UNION

乱丁・落丁本などの不良品がありましたら、小社製作部宛にお送り下さい。送料小社負担にておとりかえいたします。
法律で認められた場合を除いて、本書からの複写・転載は禁じられています。